50 gâteaux

1 pâte

Illustrations : Fotolia.com
Dessins de fond : © wooster, étiquettes illustratives : © siro, papier : © Mikrostockfish
Toutes les autres illustrations : archives de la maison d'édition
Introduction et recettes : Greta Jansen
Photos des recettes : TLC Fotostudio

50 gâteaux
1 pâte

Sommaire

Introduction

Introduction

Savoureux gâteaux sur la plaque, délicieux biscuits aux fruits, simples kouglofs, pâtisseries irrésistibles ou somptueuses tourtes à la crème – qu'y a-t-il de plus exquis que des desserts confectionnés avec amour dans sa cuisine ?

Pourtant, aujourd'hui, nous manquons trop souvent de temps et d'inspiration pour pâtisser et, en outre, nous ne savons pas comment nous y prendre. Par le passé, le savoir-faire en matière de pâtisserie se transmettait dans les familles de génération en génération. Malheureusement, ces précieuses traditions se perdent peu à peu dans l'agitation de la vie moderne. Dès lors, il n'y a rien d'étonnant à ce que les gourmands patentés préfèrent se satisfaire des mélanges tout prêts pour pâtisseries et des produits surgelés plutôt que de se hasarder à réaliser eux-mêmes leurs gâteaux favoris. Et pourtant, pâtisser est un réel plaisir ! Il faut seulement sélectionner ses ingrédients favoris et choisir un moule approprié parmi la multitude d'ustensiles existants : le choix de matériaux, de formes et de dimensions est immense. Les moules classiques existent pour tous les usages : moule à charnière, moule à savarin, moule à kouglof, moule à cake, tourtière, plat à feu, plaque à pâtisserie ou moule à tartelette. Certains matériaux conduisent mieux la chaleur, d'autres permettent un démoulage aisé et la majorité

d'entre eux sont faciles à nettoyer. Les moules en tôle noire, par exemple, sont peu coûteux et conduisent bien la chaleur. Attention cependant à une chaleur de sole trop forte ! Les moules en matière plastique possèdent de bonnes caractéristiques pour une cuisson parfaite, un démoulage pratique et un nettoyage aisé, au lave-vaisselle notamment. Mais ils ne conviennent pas aux cuisinières à gaz. Les moules à revêtement antiadhésif ou à base de silicone sont un peu plus coûteux mais ils en valent la peine : résistants, ils nécessitent peu de matière grasse pour le démoulage des gâteaux et sont faciles à nettoyer. Enfin, les caissettes en papier de différentes couleurs pour réaliser les petits-fours sont pratiques et décoratives. Quant aux autres ustensiles requis comme saladiers, pinceaux, batteur électrique, balance de ménage, verre mesureur et passoires, chaque cuisine en est équipée et il n'en faut guère plus pour faire des gâteaux ragoûtants.

Une bonne préparation est la clé de tout !

La pâtisserie est un jeu d'enfant – spécialement avec notre super recette de pâte ! Les 50 gâteaux proposés dans ce livre reposent tous sur la même pâte, déclinée de 50 façons originales, avec d'autres ingrédients pour rehausser la saveur et de la chantilly, de la crème ou des fruits juteux. Cette pâte légère composée de farine, d'œufs, de beurre et de sucre est également idéale pour d'incomparables petits-fours comme les cupcakes et les muffins. Avec un avantage majeur : comme on est sûr de réussir la pâte, on peut se concentrer sur les détails qui font la différence et réussir tous ces gâteaux, tourtes et tartes ! Enfin, chacun peut bien entendu combiner à l'envi notre super pâte avec la garniture de son choix et ses ingrédients préférés. Et là comme ailleurs, en matière de cuisine et de pâtisserie, la qualité des ingrédients de base comme les œufs, le beurre, le sucre et la farine, est la clé du résultat : meilleure elle est, meilleur est le gâteau. De même, ceux-ci doivent être les plus frais possible. Vous remarquerez la différence de goût ! Par ailleurs, vous savez sûrement avec quels ingrédients vous faire plaisir et gâter vos proches : noix, noisettes, pâte d'amandes, fruits confits, chocolat, arômes ou épices variés n'attendent que cela. Nous avons sélectionné pour vous les recettes les plus tentantes et chacun y trouvera de quoi ravir ses papilles. Vous constaterez rapidement qu'il est facile de faire un gâteau avec notre « pâte magique » et pourrez alors donner libre cours à votre créativité en expérimentant, en remplaçant les fruits proposés dans les recettes par des fruits de saison ou en combinant à votre goût les biscuits et les garnitures.

Avant de commencer, disposez tout ce qu'il vous faut pour réaliser le gâteau choisi sur un plan de travail spacieux et lancez-vous.

1 pâte – un plaisir décuplé

La pâte de base est certes toujours la même, mais le gâteau est différent car les 50 recettes proposent de délicieuses variantes. Ainsi, grâce à notre sélection, les amateurs de biscuits tout simples mais aussi les amoureux de tourtes à la crème trouveront leur bonheur. Et vous découvrirez assurément la recette idéale pour toutes les occasions !

Afin que vous soyez paré pour réaliser les 50 gâteaux du livre, nous vous présentons d'abord en détail la recette de base.

Les étapes principales sont illustrées par une photo pour que les débutant(e)s puissent confectionner la pâte sans problème. En outre, quelques pages du livre sont consacrées à la description de techniques utiles, comme trancher une génoise, fourrer une tourte et appliquer un glaçage, avec les photos correspondantes (voir pages 16/17).

Nous vous souhaitons bonne chance et bonne dégustation !

Recette et connaissances de base

Recette de base

Pour 1 moule à cake (contenance : environ 2 l), 1 moule à kouglof (contenance : environ 2 l), 1 plaque à pâtisserie, 1 moule à charnière (26 cm de diamètre) ou 1 plaque à muffins

Pour la pâte

5 œufs
190 g de beurre
225 g de sucre
1 pincée de sel
225 g de farine

Beurre et chapelure pour le moule

Préchauffer le four à la température indiquée dans la recette. Mesurer tous les ingrédients et les disposer à portée de main. Étaler au pinceau un peu de beurre ramolli dans le moule pour le graisser. Le saupoudrer de chapelure. Le retourner et tapoter le fond pour éliminer l'excédent. Séparer les blancs des jaunes d'œufs. Battre les blancs en neige ferme avec les fouets du batteur électrique. Les mettre au frais.

Faire fondre le beurre dans une casserole à fond plat mais sans le faire brunir. Puis retirer la casserole du feu et laisser refroidir un instant.
Battre les jaunes d'œufs avec le sucre et la pincée de sel avec les fouets du batteur électrique jusqu'à l'obtention d'un mélange crémeux et la dissolution des cristaux de sucre. Le résultat est encore meilleur si vous battez les jaunes au bain-marie ; ainsi, la pâte est encore plus fine mais aussi plus stable. Cependant la température du bain-marie ne doit en aucun cas dépasser 80 °C.

Mettre la farine dans une passoire à maille fine et la tamiser au-dessus des jaunes crémeux.

Incorporer la farine en tournant avec une cuillère, puis verser le beurre fondu et l'incorporer également.

Ajouter un tiers des blancs en neige et les incorporer en soulevant la masse avec une spatule puis ajouter le restant des blancs en tournant avec précaution mais vivement. Ne pas remuer trop longtemps pour éviter de détruire trop de bulles d'air, mais assez longtemps pour obtenir un mélange homogène.

Verser la pâte dans le moule et la lisser à la spatule ou au racloir. Faire cuire au four préchauffé comme indiqué dans la recette en question. Pour atteindre le point de cuisson parfait, il est recommandé de vérifier la cuisson en piquant un bâtonnet de bois dans le gâteau, environ 10 minutes avant la fin du temps de cuisson indiqué.

Si le bâtonnent ressort sans trace de pâte, le gâteau est cuit. Mais si celui-ci doit cuire encore un peu et que la surface est déjà bien dorée, nous conseillons de le couvrir d'une feuille d'aluminium pour éviter qu'il ne brûle.

À la fin de la cuisson, laisser le gâteau refroidir sur une grille à pâtisserie.

Connaissances de base

Trancher une génoise

Pratiquer une entaille d'environ 1 cm sur le pourtour de la génoise avec un petit couteau pointu.

Placer le couteau à génoise horizontalement dans l'entaille et trancher en tournant.

Les plus chevronné(e)s utilisent un fil de cuisine. Glisser le fil dans l'entaille tout autour, croiser les bouts quand on a fait le tour et tirer jusqu'à ce que le disque soit coupé.

Fourrer une génoise

Pour fourrer une génoise, il faut d'abord entourer le fond d'un cercle à pâtisserie.

Puis répartir la garniture sur le biscuit à l'aide d'un racloir. Le cas échéant, poser avec précaution un deuxième disque et presser légèrement. Faire prendre la garniture.

Napper le pourtour et le dessus du gâteau à l'aide d'une spatule.

Le chocolat noir ou le chocolat de couverture que vous utilisez pour la préparation d'un glaçage ou d'un fourrage pour gâteau doit toujours avoir une teneur en cacao de 70 % afin que la crème soit homogène et brillante.

Appliquer un glaçage

Verser le glaçage au centre du gâteau.

Étaler régulièrement le glaçage sur le dessus.

Napper également les côtés.

Gâteaux de tous les jours

Tout simplement délicieux

Selle de chevreuil

Pour 12 morceaux

Pour la pâte

5 œufs
100 g de chocolat de couverture noir
190 g de beurre
225 g de sucre
1 pincée de sel
225 g de farine
1 c.c. de cacao en poudre non sucré

Pour le glaçage

100 g de chocolat de couverture au lait
50 g de glaçage au chocolat
60 g d'amandes en bâtonnets

Beurre et chapelure pour le moule
Cacao en poudre non sucré pour saupoudrer

Temps de préparation : 30 minutes (50 minutes de cuisson et 30 minutes de refroidissement en sus)
Par morceau : 300 kcal/1 738 kJ

Préchauffer le four à 175 °C. Graisser et saupoudrer de chapelure une gouttière à bûche. Séparer les blancs des jaunes d'œufs et monter les blancs en neige. Les mettre au frais jusqu'au moment de les utiliser.

Faire fondre le chocolat de couverture et le beurre dans une casserole à fond plat et laisser tiédir. Travailler les jaunes avec le sucre et le sel jusqu'à l'obtention d'un mélange crémeux. Incorporer la farine et le cacao en poudre, puis verser le beurre et le chocolat fondus. Pour finir, incorporer les blancs en neige en soulevant la masse.

Verser la pâte dans le moule et faire cuire environ 50 minutes au four à mi-hauteur. Laisser refroidir sur une grille à pâtisserie.

Pour le glaçage, chauffer le chocolat de couverture et le glaçage au chocolat dans une casserole et napper le gâteau de glaçage. Planter les bâtonnets d'amande dans le glaçage encore chaud. Saupoudrer de cacao en poudre.

Kouglof

Pour 12 morceaux

Pour la pâte
5 œufs
190 g de beurre
1 gousse de vanille
225 g de sucre
1 pincée de sel
225 g de farine

Beurre et chapelure pour le moule
Sucre glace pour saupoudrer

Temps de préparation : 20 minutes
(50 minutes de cuisson en sus)
Par morceau : 300 kcal/1 234 kJ

Préchauffer le four à 225 °C. Graisser et saupoudrer de chapelure un moule à kouglof. Séparer les blancs des jaunes d'œufs et monter les blancs en neige. Les mettre au frais jusqu'au moment de les utiliser.

Faire fondre le beurre dans une casserole à fond plat et le laisser tiédir. Fendre la gousse de vanille dans le sens de la longueur et gratter la pulpe. Travailler les jaunes avec le sucre, la pulpe de vanille et le sel pour obtenir un mélange crémeux. Ajouter la farine puis le beurre fondu en remuant. Incorporer délicatement les blancs en neige.

Verser la pâte dans le moule et faire cuire environ 10 minutes au four à mi-hauteur. Réduire alors la température du four à 175 °C et compter encore 40 minutes de cuisson. Laisser ensuite refroidir le gâteau sur une grille à pâtisserie. Le saupoudrer de sucre glace avant de servir.

Moelleux au chocolat et aux griottes

Pour 12 morceaux

Pour la pâte

400 g de griottes en bocal
50 ml de kirsch
5 œufs
1 gousse de vanille
190 g de beurre
50 g de chocolat de couverture noir
225 g de sucre
Zeste râpé d'un demi-citron non traité
1 pincée de sel
225 g de farine
50 g de noisettes en poudre

Beurre et chapelure pour le moule
Sucre glace pour saupoudrer

Temps de préparation : 25 minutes
(4 heures de macération
et 50 minutes de cuisson en sus)
Par morceau : 377 kcal/1 581 kJ

Bien égoutter les griottes dans une passoire et les faire macérer avec le kirsch environ 4 heures dans un saladier.

Préchauffer le four à 225 °C. Graisser et saupoudrer de chapelure un moule à charnière. Séparer les blancs des jaunes d'œufs et monter les blancs en neige. Les mettre au frais jusqu'au moment de les utiliser.

Fendre la gousse de vanille dans le sens de la longueur et gratter la pulpe. Faire fondre le beurre et le chocolat de couverture dans une casserole à fond plat et laisser refroidir un instant. Travailler les jaunes avec le sucre, le zeste de citron, la pulpe de vanille et le sel pour obtenir un mélange crémeux. Incorporer la farine et les noisettes en poudre, puis verser le beurre et le chocolat fondus. Ajouter les griottes. Pour finir, incorporer les blancs en neige en soulevant la masse.

Verser la pâte dans le moule et faire cuire environ 10 minutes au four à mi-hauteur. Réduire alors la température du four à 175 °C et compter encore 40 minutes de cuisson. Démouler le gâteau sur une grille à pâtisserie et le laisser refroidir. Le saupoudrer de sucre glace avant de servir.

Conseil

Un gâteau, ce n'est pas assez ? Aucun problème ! Doublez simplement la quantité des ingrédients et faites le gâteau sur une plaque à pâtisserie.

Conseil

Vous pouvez bien sûr remplacer les framboises surgelées par des framboises, myrtilles, groseilles ou cerises fraîches.

Tourbillon aux framboises

Préchauffer le four à 225 °C. Graisser et saupoudrer de farine un moule à charnière. Séparer les blancs des jaunes d'œufs et monter les blancs en neige. Les mettre au frais jusqu'au moment de les utiliser.

Faire fondre le beurre dans une casserole à fond plat et le laisser tiédir. Travailler les jaunes avec le sucre et le sel jusqu'à l'obtention d'un mélange crémeux. Incorporer la farine puis verser le beurre fondu en tournant. Pour finir, incorporer les blancs en neige en soulevant la masse.

Verser la moitié de la pâte dans le moule. Écraser un peu les framboises à la fourchette dans une jatte et les verser sur la pâte. Répartir le restant de pâte sur les framboises et mélanger en passant une fourchette dans le moule de bas en haut. Faire cuire le gâteau 10 minutes au four à mi-hauteur. Réduire alors la température du four à 175 °C et compter encore 40 minutes de cuisson. Démouler le gâteau sur une grille à pâtisserie et le laisser refroidir.

Entre-temps, mélanger le beurre, le sucre glace et le lait pour obtenir une crème. Colorer la moitié de la crème avec le colorant alimentaire rose fuchsia. Appliquer les deux crèmes généreusement sur le dessus du gâteau complètement refroidi en faisant des vagues de façon à créer un joli effet marbré.

Pour 12 morceaux

Pour la pâte

5 œufs
190 g de beurre
225 g de sucre
1 pincée de sel
225 g de farine
150 g de framboises surgelées

Pour la crème

100 g de beurre ramolli
160 g de sucre glace
1 c.c. de lait
1 pincée de colorant alimentaire rose fuchsia

Beurre et farine pour le moule

Temps de préparation : 40 minutes
(50 minutes de cuisson en sus)
Par morceau : 415 kcal/1 737 kJ

Gâteau marbré

Pour 12 morceaux

Pour la pâte
5 œufs
190 g de beurre
225 g de sucre
1 pincée de sel
225 g de farine
50 g de chocolat de couverture noir

Beurre et chapelure pour le moule
Sucre glace pour saupoudrer

Temps de préparation : 25 minutes
(50 minutes de cuisson en sus)
Par morceau : 300 kcal/1 304 kJ

Préchauffer le four à 225 °C. Graisser et saupoudrer de chapelure un moule à cake. Séparer les blancs des jaunes d'œufs et monter les blancs en neige. Les mettre au frais jusqu'au moment de les utiliser.

Faire fondre le beurre dans une casserole à fond plat et le laisser tiédir. Travailler les jaunes avec le sucre et le sel jusqu'à l'obtention d'un mélange crémeux. Incorporer la farine puis verser le beurre fondu en tournant. Incorporer les blancs en neige en soulevant la masse.

Verser un tiers de la pâte dans le moule. Pour la pâte au chocolat, faire fondre le chocolat de couverture, le laisser tiédir et le mélanger avec le deuxième tiers de pâte. Répartir la pâte au chocolat sur la pâte nature dans le moule puis ajouter le dernier tiers de pâte en égalisant la surface. Pour le marbrage, tracer une spirale de gauche à droite dans la pâte avec une fourchette.

Faire cuire le gâteau 10 minutes au four à mi-hauteur. Baisser la température du four à 175 °C. Fendre le dessus du gâteau dans le sens de la longueur avec un couteau tranchant puis poursuivre la cuisson pendant 40 minutes. Démouler le gâteau sur une grille à pâtisserie et le laisser refroidir. Le saupoudrer de sucre glace avant de servir.

Conseil

En ajoutant quelques gouttes de rhum ou d'arôme de rhum à la pâte, vous parfumerez agréablement le gâteau. Préparez-le sans alcool pour les enfants.

Gâteau espagnol à la vanille

Préchauffer le four à 225 °C. Graisser et saupoudrer de chapelure un moule à charnière. Séparer les blancs des jaunes d'œufs et monter les blancs en neige. Les mettre au frais jusqu'au moment de les utiliser.

Faire fondre le beurre dans une casserole à fond plat et le laisser tiédir. Fendre la gousse de vanille dans le sens de la longueur et gratter la pulpe. Hacher grossièrement le chocolat de couverture et hacher finement l'écorce de citron confite puis mélanger ces deux ingrédients avec les amandes effilées. Travailler les jaunes avec la pâte d'amandes, le sucre, la pulpe de vanille et le sel pour obtenir un mélange crémeux. Incorporer la farine, le lait et le mélange de chocolat, puis verser le beurre fondu. Pour finir, incorporer les blancs en neige en soulevant la masse.

Verser la pâte dans le moule et faire cuire environ 10 minutes au four à mi-hauteur. Réduire alors la température du four à 175 °C et compter encore 40 minutes de cuisson. Démouler le gâteau sur une grille à pâtisserie et le laisser refroidir.

Enduire tout le gâteau d'une fine couche de confiture d'abricots et laisser sécher un instant. Râper grossièrement 50 g de chocolat de couverture. Faire fondre le restant de chocolat dans une casserole. Retirer du feu, ajouter le chocolat râpé, le faire fondre et napper le gâteau avec ce glaçage. Laisser durcir avant de servir.

Pour 12 morceaux

Pour la pâte

5 œufs
190 g de beurre
1 gousse de vanille
100 g de chocolat de couverture noir
50 g d'écorce de citron confite
80 g d'amandes effilées
50 g de pâte d'amandes crue
225 g de sucre
1 pincée de sel
225 g de farine
70 ml de lait entier

Beurre et chapelure pour le moule
1 c.s. de confiture d'abricots
200 g de chocolat de couverture noir

Temps de préparation : 40 minutes
(50 minutes de cuisson et 30 minutes de refroidissement en sus)
Par morceau : 470 kcal/1 969 kJ

Kouglof aux pommes et au calvados

Éplucher, épépiner et couper les pommes en petits morceaux. Les arroser de calvados, bien mélanger et laisser macérer pendant 4 heures. Remuer de temps en temps.

Préchauffer le four à 225 °C. Graisser et saupoudrer de chapelure un moule à kouglof. Séparer les blancs des jaunes d'œufs et monter les blancs en neige. Les mettre au frais jusqu'au moment de les utiliser.

Faire fondre le beurre dans une casserole à fond plat et le laisser tiédir. Fendre la gousse de vanille dans le sens de la longueur et gratter la pulpe. Travailler les jaunes avec la pulpe de vanille, le sucre et le sel jusqu'à l'obtention d'un mélange crémeux. Incorporer la farine puis verser le beurre fondu. Incorporer les blancs en neige en soulevant la masse. Pour finir, ajouter les pommes avec le calvados.

Verser la pâte dans le moule et faire cuire environ 10 minutes au four à mi-hauteur. Réduire alors la température du four à 175 °C et compter encore 40 minutes de cuisson. Démouler le gâteau sur une grille à pâtisserie et le laisser refroidir. Le saupoudrer de sucre glace avant de servir.

Pour 12 morceaux

Pour la pâte

2 pommes acidulées (p. ex. Boskop)
6 c.s. de calvados
5 œufs
190 g de beurre
1 gousse de vanille
225 g de sucre
1 pincée de sel
225 g de farine

Beurre et chapelure pour le moule
Sucre glace pour saupoudrer

Temps de préparation : 30 minutes
(4 heures de macération et
50 minutes de refroidissement en sus)
Par morceau : 319 kcal/1 336 kJ

Conseil

Vous pouvez remplacer la gélatine par de l'agar-agar en poudre ou un autre gélifiant – le gâteau sera tout aussi réussi.

Pavés à la mangue

Préchauffer le four à 225 °C. Graisser une plaque à pâtisserie et la saupoudrer de chapelure. Séparer les blancs des jaunes d'œufs et monter les blancs en neige. Les mettre au frais jusqu'au moment de les utiliser. Faire fondre le beurre et le chocolat dans une casserole à fond plat et laisser tiédir. Travailler les jaunes avec le sucre et le sel jusqu'à l'obtention d'un mélange crémeux. Incorporer la farine puis verser le beurre et le chocolat fondus. Incorporer les blancs en neige en soulevant la masse.

Étaler la pâte sur la plaque et faire cuire 5 minutes au four à mi-hauteur. Réduire alors la température du four à 175 °C et compter encore 20 minutes de cuisson. Laisser le gâteau refroidir complètement sur la plaque à pâtisserie.

Entre-temps, peler les mangues, enlever le noyau et détailler de fines tranches. Pour la crème, monter la crème liquide en chantilly, hacher finement le chocolat, le mélanger avec la chantilly et réserver. Faire tremper la gélatine dans de l'eau froide, l'essorer et la chauffer à feu doux jusqu'à dissolution. Y ajouter d'abord 8 cuillerées de yaourt puis mélanger avec le yaourt restant. Incorporer délicatement la chantilly au chocolat.

Entourer le gâteau d'une feuille d'aluminium pliée en trois sur 7 cm de haut. Répartir les tranches de mangue sur le gâteau. Étaler la crème par-dessus en faisant de petites vagues décoratives. Entreposer au moins 3 heures au frais et couper le gâteau en pavés.

Pour 20 morceaux

Pour la pâte

5 œufs
190 g de beurre
50 g de chocolat noir
225 g de sucre
1 pincée de sel
225 g de farine

Pour la garniture

3 mangues fraîches et mûres
600 ml de crème liquide
100 g de chocolat noir
9 feuilles de gélatine
900 g de yaourt nature sucré

Beurre et chapelure pour la plaque

Temps de préparation : 40 minutes (25 minutes de cuisson et 3 heures de réfrigération en sus)
Par morceau : 553 kcal/1157 kJ

Gâteau moelleux aux poires

Pour 12 morceaux

Pour la pâte
5 œufs
190 g de beurre
70 g de chocolat noir
225 g de sucre
1 pincée de sel
225 g de farine
4 poires juteuses

Pour la sauce au caramel
125 g de beurre froid
110 g de cassonade
170 ml de crème liquide

Beurre et chapelure pour le moule

Temps de préparation : 40 minutes
(50 à 60 minutes de cuisson en sus)
Par morceau : 450 kcal/1 884 kJ

Préchauffer le four à 175 °C. Graisser et saupoudrer de chapelure un moule à charnière. Séparer les blancs des jaunes d'œufs et monter les blancs en neige. Les mettre au frais jusqu'au moment de les utiliser.

Faire fondre le beurre et le chocolat dans une casserole à fond plat et laisser refroidir un instant. Travailler les jaunes avec le sucre et le sel jusqu'à l'obtention d'un mélange crémeux. Incorporer la farine puis verser le beurre et le chocolat fondus. Incorporer les blancs en neige en soulevant la masse.

Verser la pâte dans le moule. Peler, couper en deux et épépiner les poires. Les disposer côté bombé sur la pâte. Faire cuire le gâteau de 50 à 60 minutes, au four à mi-hauteur. Le laisser ensuite refroidir sur une grille à pâtisserie.

Entre-temps, mettre tous les ingrédients pour la sauce au caramel dans une casserole, les chauffer à feu doux jusqu'à ce que le beurre soit fondu. Amener ensuite à ébullition et laisser frémir environ 5 minutes jusqu'à ce que la sauce épaississe. Servir le gâteau avec la sauce au caramel encore chaude.

Gâteau à l'amaretto

Préchauffer le four à 225 °C. Graisser et saupoudrer de chapelure un moule à savarin. Séparer les blancs des jaunes d'œufs et monter les blancs en neige. Les mettre au frais jusqu'au moment de les utiliser. Faire fondre le beurre dans une casserole à fond plat et le laisser tiédir. Travailler les jaunes avec le sucre et le sel jusqu'à l'obtention d'un mélange crémeux. Incorporer la farine puis verser le beurre fondu. Incorporer les blancs en neige en soulevant la masse.

Verser un tiers de la pâte dans le moule. Mettre les amarettini dans un sachet en plastique et les émietter au rouleau à pâtisserie. Puis les mélanger avec les amandes en poudre et ajouter avec l'amaretto au deuxième tiers de pâte. Répartir la pâte à l'amaretto dans le moule et étaler dessus le dernier tiers de pâte. Mêler les couches de pâte en passant une fourchette de bas en haut.

Faire cuire le gâteau 10 minutes au four à mi-hauteur. Réduire la température du four à 175 °C et compter encore 40 minutes de cuisson. Démouler le gâteau sur une grille à pâtisserie et le laisser refroidir.

Pour 12 morceaux

Pour la pâte

5 œufs
190 g de beurre
225 g de sucre
1 pincée de sel
225 g de farine
50 g d'amarettini
50 g d'amandes en poudre
5 c.s. d'amaretto

Beurre et chapelure pour le moule

Temps de préparation : 30 minutes
(50 minutes de cuisson en sus)
Par morceau : 337 kcal/1 412 kJ

Tranchettes à la carotte

Pour 20 morceaux

Pour la pâte

500 g de carottes
1 orange non traitée
200 g d'amandes en poudre
200 g de noisettes en poudre
5 œufs
190 g de beurre
225 g de sucre
1 pincée de sel
225 g de farine

Pour le glaçage

5 c.s. de lait
200 g de sucre glace

Beurre et chapelure pour la plaque

Temps de préparation : 30 minutes (40 minutes de cuisson et 30 minutes de refroidissement en sus)
Par morceau : 425 kcal/1 779 kJ

Laver, éplucher et râper finement les carottes à l'aide d'une râpe à légumes. Laver et éponger l'orange, prélever finement le zeste et presser l'orange. Mélanger les carottes râpées, le zeste d'orange, les amandes et les noisettes.

Préchauffer le four à 175 °C. Graisser une plaque à pâtisserie et la saupoudrer de chapelure. Séparer les blancs des jaunes d'œufs et monter les blancs en neige. Les mettre au frais jusqu'au moment de les utiliser.

Faire fondre le beurre dans une casserole à fond plat et le laisser tiédir. Travailler les jaunes avec le sucre et le sel jusqu'à l'obtention d'un mélange crémeux. Incorporer le mélange de carottes et le jus d'orange. Ensuite, verser d'abord la farine puis le beurre fondu en remuant. Incorporer les blancs en neige en soulevant la masse.

Répartir uniformément la pâte sur la plaque et faire cuire 40 minutes au four puis laisser refroidir. Entre-temps, pour le glaçage, réchauffer un peu le lait et y délayer le sucre glace. En napper le gâteau refroidi et laisser sécher.

Conseil

En l'absence d'enfants, vous pouvez aromatiser le glaçage avec du kirsch : délayer le sucre glace avec 2 c.s. de lait et 3 c.s. de kirsch.

Kouglof aux fruits secs

Couper les fruits secs en petits morceaux, les mélanger avec le rhum et les laisser macérer pendant 4 heures. Remuer de temps en temps.

Préchauffer le four à 225 °C. Graisser et saupoudrer de chapelure un moule à kouglof. Hacher grossièrement les noisettes et les amandes. Séparer les blancs des jaunes d'œufs et monter les blancs en neige. Les mettre au frais jusqu'au moment de les utiliser.

Faire fondre le beurre dans une casserole à fond plat et le laisser tiédir. Fendre la gousse de vanille dans le sens de la longueur et gratter la pulpe. Travailler les jaunes avec la pulpe de vanille, le sucre et le sel jusqu'à l'obtention d'un mélange crémeux. Ajouter les fruits secs, les noisettes et les amandes en remuant. Incorporer la farine puis verser le beurre fondu. Incorporer les blancs en neige en soulevant la masse.

Verser la pâte dans le moule et faire cuire 10 minutes au four à mi-hauteur. Réduire la température du four à 175 °C et compter encore 40 minutes de cuisson. Laisser refroidir le gâteau sur une grille à pâtisserie.

Pour 12 morceaux

Pour la pâte

80 g d'abricots secs, 80 g de pruneaux et 80 g de raisins secs
40 g de canneberges séchées
40 g de griottes séchées
40 g de rondelles de pommes séchées
40 g de figues sèches
35 ml de rhum ambré
50 g de noisettes, 50 g d'amandes et 50 g d'amandes d'abricots
5 œufs
190 g de beurre
1 gousse de vanille
225 g de sucre
1 pincée de sel
225 g de farine

Beurre et chapelure pour le moule

Temps de préparation : 35 minutes (4 heures de macération et 50 minutes de cuisson en sus)
Par morceau : 476 kcal/1 995 kJ

Gâteau au vin rouge et aux épices

Mélanger les raisins secs et le rhum et laisser macérer 1 heure. Préchauffer le four à 225 °C. Graisser et saupoudrer de chapelure un moule à savarin.

Séparer les blancs des jaunes d'œufs et monter les blancs en neige. Les mettre au frais jusqu'au moment de les utiliser. Puis faire fondre le beurre et le chocolat de couverture dans une casserole à fond plat et laisser tiédir. Travailler les jaunes avec le sucre, le sucre vanillé, le vin rouge et le sel jusqu'à obtenir un mélange crémeux. Mélanger la farine, le cacao et les épices et ajouter à la préparation précédente, incorporer les raisins secs puis verser le beurre et le chocolat fondus. Tourner pour mélanger. Incorporer les blancs en neige à la pâte.

Verser la pâte dans le moule et faire cuire environ 10 minutes au four à mi-hauteur. Réduire la température du four à 175 °C et compter encore 40 minutes de cuisson. Laisser refroidir le gâteau sur une grille à pâtisserie.

Entre-temps, râper finement 50 g de chocolat de couverture. Faire fondre le restant de chocolat dans une casserole. Retirer la casserole du feu, y ajouter le chocolat râpé et le faire fondre en remuant. Napper le gâteau de glaçage au chocolat. Laisser durcir avant de servir.

Pour 12 morceaux

Pour la pâte

25 g de raisins secs
1 c.s. de rhum ambré
5 œufs
190 g de beurre
50 g de chocolat de couverture noir
225 g de sucre, 1 sachet de sucre vanillé
50 ml de vin rouge, 1 pincée de sel
225 g de farine
50 g de cacao en poudre non sucré
¼ c.c. de cannelle
¼ c.c. de mélange d'épices pour pain d'épices
1 pincée de cardamome
1 pincée de clou de girofle en poudre

Beurre et chapelure pour le moule
200 g de chocolat de couverture noir

Temps de préparation : 50 minutes (1 heure de macération et 50 minutes de cuisson en sus)
Par morceau : 395 kcal/1 653 kJ

Conseil

Pour la ganache, remplacez la liqueur d'orange par de la liqueur de chocolat qui apportera à la ganache un fort goût de cacao – un délice !

Moelleux aux abricots et au chocolat

Préchauffer le four à 175 °C. Graisser et saupoudrer de chapelure un moule à charnière. Séparer les blancs des jaunes d'œufs et monter les blancs en neige. Les mettre au frais jusqu'au moment de les utiliser.

Faire fondre le beurre dans une casserole à fond plat et le laisser tiédir. Travailler les jaunes avec le sucre et le sel jusqu'à l'obtention d'un mélange crémeux. Incorporer la farine puis verser le beurre fondu. Incorporer les blancs en neige en soulevant la masse.

Laver, essuyer, couper en deux et dénoyauter les abricots. Verser la pâte dans le moule. Disposer les oreillons d'abricot sur la pâte en les enfonçant légèrement et faire cuire le gâteau 30 minutes au four à mi-hauteur. Le laisser refroidir.

Entre-temps, pour la ganache, chauffer la liqueur à feu doux dans une casserole. Ajouter le chocolat de couverture, le faire fondre et le laisser tiédir. Monter la crème liquide en chantilly. Incorporer le chocolat à la chantilly et en enduire le gâteau.

Pour 12 morceaux

Pour la pâte
2 œufs
75 g de beurre
90 g de sucre
1 pincée de sel
90 g de farine

Pour la garniture
600 g d'abricots frais et bien mûrs

Pour la ganache
2 c.s. de liqueur d'orange
70 g de chocolat de couverture noir
100 ml de crème liquide

Beurre et chapelure pour le moule

Temps de préparation : 55 minutes
(30 minutes de cuisson en sus)
Par morceau : 220 kcal/923 kJ

Tourte aux noisettes et aux fraises

Pour 12 morceaux

Pour la pâte

5 œufs
190 g de beurre
225 g de sucre
1 pincée de sel
225 g de farine
100 g de noisettes en poudre

Pour la garniture

200 g de chocolat noir
20 g de beurre
125 g de fraises mûres
450 g de crème liquide

Beurre et chapelure pour le moule
12 fraises pour la décoration

Temps de préparation : 1 heure
(50 minutes de cuisson et 1 heure de réfrigération en sus)
Par morceau : 542 kcal/2 276 kJ

Préchauffer le four à 225 °C. Graisser et saupoudrer de chapelure un moule à charnière. Séparer les blancs des jaunes d'œufs et monter les blancs en neige. Les mettre au frais jusqu'au moment de les utiliser.

Faire fondre le beurre dans une casserole à fond plat et le laisser tiédir. Travailler les jaunes avec le sucre et le sel jusqu'à l'obtention d'un mélange crémeux. Mélanger la farine et les noisettes en poudre, incorporer puis verser le beurre fondu. Incorporer les blancs en neige en soulevant la masse.

Verser la pâte dans le moule et faire cuire environ 10 minutes au four à mi-hauteur. Réduire alors la température du four à 175 °C et compter encore 40 minutes de cuisson. Laisser refroidir le gâteau sur une grille à pâtisserie.

Entre-temps, pour la garniture, faire fondre le chocolat avec le beurre. Laisser refroidir. Laver, équeuter et couper les fraises en rondelles. Monter la crème en chantilly et y ajouter le beurre au chocolat.

Couper le biscuit en deux horizontalement avec un couteau scie ou à l'aide d'un fil. Placer le disque inférieur sur un plat à tarte, le garnir de fraises et étaler dessus une portion de chantilly au chocolat. Poser le disque supérieur, le garnir également de fraises et enduire le dessus et le pourtour avec le restant de chantilly au chocolat. Mettre au frais au moins 1 heure avant de servir. Décorer avec des fraises.

Tartelettes, cupcakes et muffins

Mini-tentations

Muffins aux noisettes et à la banane

Pour 12 muffins

Pour la pâte

3 œufs
115 g de beurre
135 g de sucre
1 pincée de sel
60 g de cerneaux de noix
135 g de farine
60 ml de babeurre
2 bananes

Beurre et chapelure pour le moule à muffins

Temps de préparation : 30 minutes (30 minutes de cuisson en sus)
Par muffin : 228 kcal/954 kJ

Préchauffer le four à 175 °C. Graisser et saupoudrer de chapelure un moule à muffins. Séparer les blancs des jaunes d'œufs et monter les blancs en neige. Les mettre au frais jusqu'au moment de les utiliser.

Faire fondre le beurre dans une casserole à fond plat et le laisser tiédir. Travailler les jaunes avec le sucre et le sel jusqu'à l'obtention d'un mélange crémeux. Hacher les noix et les incorporer à la préparation précédente avec la farine. Verser ensuite le beurre fondu et le babeurre en remuant.

Éplucher les bananes, les couper en deux dans le sens de la longueur puis les détailler en petits morceaux. Les incorporer à la pâte avec les blancs en neige.

Répartir la pâte dans les empreintes du moule à muffins et faire cuire 30 minutes au four à mi-hauteur. Laisser refroidir les muffins sur une grille à pâtisserie.

Bouchées à la rhubarbe

Pour 12 bouchées

Pour la pâte

300 g de rhubarbe
3 œufs
115 g de beurre
1 gousse de vanille
135 g de sucre
1 pincée de sel
135 g de farine
1 sachet de préparation en poudre pour flan à la vanille
100 g de fromage blanc à 20 % M. G.

Beurre et chapelure pour le moule à muffins
Sucre glace pour saupoudrer

Temps de préparation : 30 minutes (30 minutes de cuisson en sus)
Par bouchée : 184 kcal/781 kJ

Laver, éplucher et couper la rhubarbe en morceaux. Préchauffer le four à 175 °C. Graisser et saupoudrer de chapelure un moule à muffins. Séparer les blancs des jaunes d'œufs et monter les blancs en neige. Les mettre au frais jusqu'au moment de les utiliser.

Faire fondre le beurre dans une casserole à fond plat et le laisser tiédir. Fendre la gousse de vanille dans le sens de la longueur et gratter la pulpe. Travailler les jaunes avec le sucre, la pulpe de vanille et le sel pour obtenir un mélange crémeux. Ajouter la farine et la poudre pour flan, puis verser le beurre fondu et le fromage blanc en remuant. Incorporer les blancs en neige et ajouter la rhubarbe.

Répartir la pâte dans les empreintes du moule à muffins et faire cuire 30 minutes au four à mi-hauteur. Laisser refroidir les bouchées sur une grille à pâtisserie. Les saupoudrer de sucre glace avant de servir.

Conseil

Comme le gingembre, la cardamome est une épice asiatique de la famille des zingibéracées. Sa saveur douce et légèrement camphrée conférera aux brownies un arôme subtil.

Brownies au chocolat et aux noisettes

Préchauffer le four à 175 °C. Graisser un moule démontable carré (26 × 26 cm) ou un cadre à pâtisserie et le saupoudrer de chapelure. Séparer les blancs des jaunes d'œufs et monter les blancs en neige. Les mettre au frais jusqu'au moment de les utiliser.

Hacher grossièrement les noix de pécan et les mélanger avec les épices et la farine. Faire fondre le beurre et le chocolat de couverture dans une casserole à fond plat et laisser tiédir. Travailler les jaunes avec le sucre et le sel jusqu'à l'obtention d'un mélange crémeux. Incorporer le mélange de farine puis verser le beurre et le chocolat fondus en tournant. Ajouter les blancs en neige et mélanger en soulevant la masse.

Verser la pâte dans le moule et faire cuire environ 50 minutes au four à mi-hauteur. Laisser refroidir.

Entre-temps, hacher grossièrement le chocolat de couverture pour la ganache. Amener la crème liquide à ébullition, y faire fondre le chocolat, bien mélanger et laisser refroidir. Napper le gâteau de ganache et le couper en 20 brownies. Saupoudrer ceux-ci de cacao en poudre avant de servir.

Pour 12 brownies

Pour la pâte

5 œufs
150 g de noix de pécan
1 c.c. de cardamome
1 c.c. de cannelle
225 g de farine
190 g de beurre
100 g de chocolat de couverture noir
225 g de sucre
1 pincée de sel

Pour la ganache

250 g de chocolat de couverture noir
250 ml de crème liquide

Beurre et chapelure pour le moule ou cadre
Cacao en poudre pour saupoudrer

Temps de préparation : 30 minutes (50 minutes de cuisson et 30 minutes de refroidissement en sus)
Par brownie : 331 kcal/1 387 kJ

Cupcakes à la noix de coco

Pour 12 cupcakes

Pour la pâte

50 g d'amandes en poudre
5 œufs, 190 g de beurre
225 g de sucre
1 sachet de sucre vanillé
1 pincée de sel, 225 g de farine

Pour le glaçage

120 g de sucre glace
75 g de beurre mou
175 g de fromage frais double crème
1 pincée de sel, 1 gousse de vanille
30 g de noix de coco râpée

Beurre et chapelure pour le moule à muffins
Chips de noix de coco pour la décoration

Temps de préparation : 35 minutes (25 à 30 minutes de cuisson et 1 heure 30 minutes de réfrigération en sus)
Par cupcake : 446 kcal/1 867 kJ

Faire griller les amandes à sec dans une poêle en remuant pour qu'elles soient dorées, les transférer dans une jatte et les laisser refroidir. Préchauffer le four à 180 °C. Graisser et saupoudrer de chapelure un moule à muffins. Séparer les blancs des jaunes d'œufs et monter les blancs en neige. Les mettre au frais jusqu'au moment de les utiliser.

Faire fondre le beurre dans une casserole à fond plat et le laisser tiédir. Travailler les jaunes avec le sucre, le sucre vanillé et le sel jusqu'à obtenir un mélange crémeux. Incorporer la farine et les amandes, puis verser le beurre fondu. Verser les blancs en neige et les incorporer.

Répartir la pâte dans les empreintes du moule à muffins et faire cuire 25 à 30 minutes au four à mi-hauteur jusqu'à ce que les cupcakes soient dorés. Sortir du four et laisser complètement refroidir sur une grille à pâtisserie.

Entre-temps, pour le glaçage, tamiser le sucre glace dans un saladier et le mélanger avec le beurre, le fromage frais à température ambiante et le sel pour obtenir une crème lisse. Fendre la gousse de vanille dans le sens de la longueur, gratter la pulpe et incorporer avec la noix de coco râpée à la crème au fromage frais. Mettre au frais 30 minutes.

Dresser le glaçage à la poche à douille ou le déposer à la cuillère sur les cupcakes, décorer de chips de noix de coco et mettre au frais pendant 1 heure.

Muffins à la liqueur d'œuf

Préchauffer le four à 175 °C. Graisser et saupoudrer de chapelure un moule à muffins. Séparer les blancs des jaunes d'œufs et monter les blancs en neige. Les mettre au frais jusqu'au moment de les utiliser.

Faire fondre le beurre dans une casserole à fond plat et le laisser tiédir. Travailler les jaunes avec le sucre, la liqueur d'œuf et le sel pour obtenir un mélange crémeux. Incorporer la farine puis verser le beurre fondu. Verser dessus les blancs en neige et incorporer délicatement.

Répartir la pâte dans les empreintes du moule à muffins et faire cuire 25 minutes au four à mi-hauteur. Laisser refroidir les muffins sur une grille à pâtisserie.

Pour la garniture, mélanger la liqueur d'œuf et la crème liquide puis monter en chantilly ferme, tout en ajoutant le sucre vanillé en pluie. Couper le « chapeau » des muffins, les fourrer de crème à la liqueur d'œuf et recouvrir.

Pour 12 muffins

Pour la pâte

5 œufs
190 g de beurre
225 g de sucre
6 cl de liqueur d'œuf
1 pincée de sel
225 g de farine

Pour la garniture

3 cl de liqueur d'œufs
200 ml de crème liquide
1 sachet de sucre vanillé

Beurre et chapelure pour le moule à muffins

Temps de préparation : 30 minutes (25 minutes de cuisson et 30 minutes de refroidissement en sus)
Par muffin : 366 kcal/1 535 kJ

Tartelettes aux fraises

Préchauffer le four à 175 °C. Graisser et saupoudrer de chapelure 8 moules à tartelettes. Séparer les blancs des jaunes d'œufs et monter les blancs en neige. Les mettre au frais jusqu'au moment de les utiliser. Faire fondre le beurre dans une casserole à fond plat et le laisser tiédir. Travailler les jaunes avec le sucre et le sel jusqu'à l'obtention d'un mélange crémeux. Incorporer la farine puis verser le beurre fondu. Verser les blancs en neige et les incorporer. Répartir la pâte dans les moules à tartelettes et faire cuire environ 20 minutes au four à mi-hauteur. Laisser les tartelettes refroidir sur une grille à pâtisserie.

Entre-temps, pour la garniture, fendre la gousse de vanille dans le sens de la longueur et gratter la pulpe. Porter à ébullition 550 ml de lait, la pulpe et la gousse de vanille, le sucre et le sel dans une casserole. Retirer la casserole du feu et laisser le lait s'imprégner de l'arôme de vanille pendant 5 minutes.

Fouetter le restant de lait, les jaunes d'œufs, la fécule et la farine. Ajouter un peu de lait chaud en tournant. Puis verser ce mélange dans le lait chaud restant et battre au fouet. Retirer la gousse de vanille. Remettre cette préparation sur le feu et faire cuire à feu modéré environ 3 minutes sans cesser de remuer. Retirer du feu et ajouter le beurre en tournant.

Étaler la crème sur les tartelettes et les mettre environ 1 heure au réfrigérateur. Laver, éponger, équeuter et couper les fraises en rondelles. Les dresser sur les tartelettes juste avant de servir.

Pour 8 tartelettes

Pour la pâte

3 œufs
115 g de beurre
135 g de sucre
1 pincée de sel
135 g de farine

Pour la garniture

1 gousse de vanille
600 ml de lait entier frais
70 g de sucre
1 pincée de sel
2 jaunes d'œufs
1 c.s. de fécule
1 c.s. de farine
1 c.s. de beurre
250 g de fraises

Beurre et chapelure pour les moules à tartelettes

Temps de préparation : 50 minutes (20 minutes de cuisson et 1 heure de réfrigération en sus)
Par tartelette : 556 kcal/2 332 kJ

Muffins surprise

Pour 12 muffins

Pour la pâte

5 œufs
190 g de beurre
70 g de chocolat de couverture noir
225 g de sucre
1 pincée de sel
225 g de farine

Pour la garniture

150 g de fromage frais
1 sachet de sucre vanillé
1 c.s. de sucre

Beurre pour le moule à muffins
Sucre glace pour saupoudrer

Temps de préparation : 25 minutes
(25 minutes de cuisson en sus)
Par muffin : 359 kcal/1 507 kJ

Préchauffer le four à 175 °C. Graisser et saupoudrer de chapelure un moule à muffins. Séparer les blancs des jaunes d'œufs et monter les blancs en neige. Les mettre au frais jusqu'au moment de les utiliser.

Faire fondre le beurre et le chocolat de couverture dans une casserole à fond plat et laisser tiédir. Travailler les jaunes avec le sucre et le sel jusqu'à l'obtention d'un mélange crémeux. Incorporer la farine puis verser le beurre et le chocolat fondus. Verser les blancs en neige et les incorporer délicatement.

Répartir la moitié de la pâte dans les empreintes du moule à muffins. Pour la garniture, mélanger le fromage frais, le sucre vanillé et le sucre. Déposer 1 c. c. de crème au fromage frais au milieu des empreintes du moule et recouvrir du restant de pâte.

Faire cuire les muffins 25 minutes au four à mi-hauteur, laisser refroidir et saupoudrer de sucre glace.

Conseil

Remplacez le fromage frais par du mascarpone. L'ajout de confiture au choix (1 à 2 c.s.) rendra la garniture encore plus alléchante.

Pyramides à l'orange et à l'expresso

Préchauffer le four à 175 °C. Graisser et saupoudrer de chapelure un moule à muffins. Séparer les blancs des jaunes d'œufs et monter les blancs en neige. Les mettre au frais jusqu'au moment de les utiliser.

Faire fondre le beurre dans une casserole à fond plat et le laisser tiédir. Travailler les jaunes avec le sucre et le sel jusqu'à l'obtention d'un mélange crémeux. Ajouter la farine puis le beurre fondu et l'expresso en remuant. Verser dessus les blancs en neige et incorporer délicatement.

Répartir la pâte dans les empreintes du moule à muffins et faire cuire 25 minutes au four à mi-hauteur. Laisser refroidir complètement.

Entre-temps, pour la crème, battre la crème liquide, le lait et le sucre jusqu'à ce qu'ils deviennent mousseux. Faire tremper la gélatine dans de l'eau froide en suivant les indications qui figurent sur l'emballage. Porter à ébullition le jus d'orange avec la gousse de vanille puis réduire à environ 40 ml. Essorer la gélatine, la dissoudre dans le jus d'orange réduit et laisser refroidir un peu.

Mélanger le jus d'orange, l'expresso et la liqueur d'orange avec la crème et laisser refroidir. Réserver un peu de crème pour la décoration.

Couper les gâteaux en deux et les fourrer avec les deux tiers de la crème. Les décorer avec le restant de crème, les kumquats ainsi que le café soluble.

Pour 12 gâteaux

Pour la pâte

5 œufs
190 g de beurre
225 g de sucre, 1 pincée de sel
225 g de farine, 60 ml d'expresso

Für die Orangencreme

300 ml de crème liquide, 4 c.s. de lait
70 g de sucre, 2 feuilles de gélatine
250 ml de jus d'orange
½ gousse de vanille
140 ml d'expresso
Quelques gouttes de liqueur d'orange

Beurre et chapelure pour le moule à muffins
Kumquats (oranges miniatures) et café soluble pour la décoration

Temps de préparation : 50 minutes (25 minutes de cuisson en sus)
Par gâteau : 404 kcal/1 693 kJ

Muffins aux groseilles

Pour 12 muffins

Pour la pâte
5 œufs
190 g de beurre
100 g de pâte d'amandes crue
225 g de sucre
1 pincée de sel
225 g de farine
10 c.s. de jus de groseille
200 g de groseilles

Pour le glaçage
150 g de sucre glace
6 c.s. de jus de groseille

Beurre et chapelure pour le moule à muffins

Temps de préparation : 25 minutes (25 minutes de cuisson et 30 minutes de refroidissement en sus)
Par muffin : 397 kcal/1 663 kJ

Préchauffer le four à 175 °C. Graisser et saupoudrer de chapelure un moule à muffins. Séparer les blancs des jaunes d'œufs et monter les blancs en neige. Les mettre au frais jusqu'au moment de les utiliser.

Faire fondre le beurre dans une casserole à fond plat et le laisser tiédir. Râper la pâte d'amandes ou la hacher finement. Travailler les jaunes avec le sucre, la pâte d'amandes et le sel pour obtenir un mélange crémeux. Ajouter la farine puis verser le beurre fondu et le jus de groseille. Verser les blancs en neige et les incorporer délicatement. Laver et égrener les groseilles, puis les incorporer à la pâte.

Répartir la pâte dans les empreintes du moule à muffins et faire cuire 25 minutes au four à mi-hauteur. Laisser refroidir et démouler les muffins avec précaution. Préparer un glaçage avec le sucre glace et le jus de groseille et l'appliquer de façon décorative sur les muffins.

Cupcakes au chocolat et au piment

Pour 12 cupcakes

Pour la pâte

5 œufs, 190 g de beurre
80 g de chocolat de couverture noir
225 g de sucre
1 sachet de sucre vanillé
1 pincée de sel, 225 g de farine

Pour le glaçage

120 g de sucre glace
75 g de beurre mou
175 g de fromage frais double crème
1 pincée de sel
100 g de chocolat de couverture noir
¼ c.c. de cardamome en poudre
¼ c.c. de piment en poudre

Beurre et chapelure pour le moule à muffins
Cacao en poudre pour saupoudrer

Temps de préparation : 40 minutes (25 minutes de cuisson et 2 heures 30 minutes de réfrigération en sus)
Par cupcake : 490 kcal/2 052 kJ

Préchauffer le four à 175 °C. Graisser et saupoudrer de chapelure un moule à muffins. Séparer les blancs des jaunes d'œufs et monter les blancs en neige. Les mettre au frais jusqu'au moment de les utiliser.

Faire fondre le beurre et le chocolat de couverture dans une casserole à fond plat et laisser tiédir. Travailler les jaunes avec le sucre, le sucre vanillé et le sel jusqu'à obtenir un mélange crémeux. Incorporer la farine puis verser le beurre et le chocolat fondus. Verser les blancs en neige et les incorporer délicatement.

Répartir la pâte dans les empreintes du moule à muffins et faire cuire 25 minutes au four à mi-hauteur. Laisser refroidir complètement.

Entre-temps, pour le glaçage, tamiser le sucre glace et le mélanger avec le beurre, le fromage frais et le sel pour obtenir une crème lisse. Faire fondre le chocolat de couverture, ajouter les épices, laisser refroidir un peu et incorporer progressivement la préparation au fromage frais. Mettre au frais pendant 2 heures.

Appliquer le glaçage à la poche à douille ou à l'aide d'une cuillère et mettre les cupcakes au frais pendant au moins 30 minutes. Saupoudrer de cacao en poudre avant de servir.

Cubes au chocolat et aux framboises

Pour 20 cubes

Pour la pâte et la garniture

5 œufs
190 g de beurre
430 g de chocolat de couverture noir
225 g de sucre
1 pincée de sel
225 g de farine
260 g de crème fraîche
150 g de pulpe de framboises
50 ml d'eau-de-vie de framboise

Pour le glaçage

80 g de chocolat de couverture noir
1 tasse d'expresso
30 g de sucre
70 g de beurre

Beurre et chapelure pour la plaque
20 framboises pour la décoration

Temps de préparation : 1 heure (30 minutes de cuisson et 1 heure de réfrigération en sus)
Par cube : 350 kcal/1 465 kJ

Préchauffer le four à 175 °C. Graisser une plaque à pâtisserie et la saupoudrer de chapelure. Séparer les blancs des jaunes d'œufs et monter les blancs en neige. Les mettre au frais jusqu'au moment de les utiliser.

Faire fondre le beurre et 80 g de chocolat de couverture dans une casserole à fond plat et laisser tiédir. Travailler les jaunes avec le sucre et le sel jusqu'à l'obtention d'un mélange crémeux. Incorporer la farine puis verser le beurre et le chocolat fondus. Verser les blancs en neige et les incorporer délicatement.

Étaler uniformément la pâte sur la plaque et faire cuire 30 minutes au four à mi-hauteur. Laisser refroidir.

Entre-temps, pour la garniture, râper grossièrement 350 g de chocolat de couverture. Amener la crème fraîche à ébullition dans une casserole. Y faire fondre le chocolat râpé et ajouter la pulpe de framboises et l'eau-de-vie de framboise. Laisser la crème refroidir un instant.

Couper le biscuit en deux horizontalement. Entourer l'une des plaques de biscuit d'un cadre à pâtisserie. Étaler uniformément la crème sur le biscuit. Poser la deuxième moitié.

Pour le glaçage, râper le chocolat de couverture. Porter l'expresso à ébullition, y dissoudre le sucre et le chocolat de couverture râpé et ajouter le beurre en tournant. Napper le biscuit de glaçage et mettre au moins 1 heure au frais. Couper 20 cubes avant de servir. Déposer une framboise sur chaque cube.

Conseil

Pour apporter une note fruitée au glaçage meringué, incorporer aux blancs en neige les zestes râpés d'un citron non traité.

Cupcakes meringués au citron

Pour la garniture, mélanger tous les ingrédients dans un saladier et fouetter au bain-marie chaud jusqu'à l'obtention d'une crème ferme. Laisser refroidir complètement la crème puis la mettre au frais.

Préchauffer le four à 175 °C. Graisser et saupoudrer de chapelure un moule à muffins. Pour la pâte, séparer les blancs des jaunes d'œufs et monter les blancs en neige. Les mettre au frais jusqu'au moment de les utiliser.

Faire fondre le beurre dans une casserole à fond plat et le laisser tiédir. Fendre la gousse de vanille dans le sens de la longueur et gratter la pulpe. Travailler les jaunes avec le sucre, le zeste de citron, la pulpe de vanille et le sel pour obtenir un mélange crémeux. Incorporer la farine puis verser le beurre fondu. Verser dessus les blancs en neige et incorporer délicatement.

Répartir la pâte dans les empreintes du moule à muffins et faire cuire 30 minutes au four à mi-hauteur.

Augmenter la température du four à 220 °C, laisser refroidir les cupcakes et les démouler. Évider le haut des cupcakes sur 2 cm et fourrer de crème au citron. Égaliser la surface. Remettre les cupcakes dans le moule.

Pour la meringue, battre les blancs en neige très ferme. Verser le sucre en pluie et continuer de battre jusqu'à dissolution. Dresser la meringue à la poche à douille sur les cupcakes. Enfourner 5 minutes et faire dorer la meringue.

Pour 12 cupcakes

Pour la pâte

5 œufs
190 g de beurre
1 gousse de vanille
225 g de sucre
Zeste râpé d'un citron non traité
1 pincée de sel
225 g de farine

Pour la garniture

4 jaunes d'œufs, 75 g de sucre
80 ml de jus de citron, 40 g de beurre

Pour la meringue

4 blancs d'œufs
220 g de sucre

Beurre et chapelure pour le moule à muffins

Temps de préparation : 45 minutes (30 minutes de cuisson et 30 minutes de refroidissement en sus)
Par cupcake : 450 kcal/1 885 kJ

Gâteaux aux fruits

Délices moelleux de A à Z

Conseil

Selon les goûts, ajouter au crumble 2 à 3 c.c. de cassonade, 1 pincée de cannelle, de cardamome ou de tout autre épice pour en rehausser la saveur.

Gâteau crumble aux poires

Préchauffer le four à 175 °C. Graisser une plaque à pâtisserie et la saupoudrer de chapelure. Séparer les blancs des jaunes d'œufs et monter les blancs en neige. Les mettre au frais jusqu'au moment de les utiliser.

Faire fondre le beurre dans une casserole à fond plat et le laisser tiédir. Travailler les jaunes avec le sucre et le sel jusqu'à l'obtention d'un mélange crémeux. Incorporer la farine puis verser le beurre fondu. Verser les blancs en neige et les incorporer délicatement.

Étaler la pâte sur la plaque à pâtisserie. Laver, peler, couper en deux et épépiner les poires. Couper les demi-poires en fines lamelles. Garnir la pâte de lamelles de poires.

Faire une pâte à crumble en malaxant du bout des doigts le sucre, le beurre, la farine, les amandes en poudre et la pâte d'amandes et l'émietter pour obtenir un crumble épais. Répartir le crumble sur les poires et faire cuire le gâteau 40 à 50 minutes au four. Laisser le gâteau refroidir complètement sur la plaque avant de le découper.

Pour 20 morceaux

Pour la pâte

5 œufs
190 g de beurre
225 g de sucre
1 pincée de sel
225 g de farine

Pour la garniture

6 poires tendres et mûres
150 g de sucre
150 g de beurre
100 g de farine
50 g d'amandes en poudre
50 g de pâte d'amandes crue

Beurre et chapelure pour la plaque

Temps de préparation : 40 minutes
(40 à 50 minutes de cuisson en sus)
Par morceau : 322 kcal/1 350 kJ

Tourtière de pommes rôties

Pour 12 morceaux

Pour la pâte
2 oeufs
75 g de beurre
90 g de sucre
1 pincée de sel
90 g de farine

Pour la garniture
1 kg de pommes acidulées (petites, de taille identique, env. 8 pommes)
2 c.s. de jus de citron
200 g de pâte d'amandes crue
5 c.s. de compote de myrtilles
3 œufs, 75 g de sucre
300 g de crème fraîche
½ sachet de préparation en poudre pour flan à la vanille

Beurre et chapelure pour le moule

Temps de préparation : 50 minutes
(1 heure 50 minutes de cuisson en sus)
Par morceau : 366 kcal/1 535 kJ

Préchauffer le four à 200 °C. Graisser et saupoudrer de chapelure un moule à charnière. Séparer les blancs des jaunes d'œufs et monter les blancs en neige. Les mettre au frais jusqu'au moment de les utiliser.

Faire fondre le beurre dans une casserole à fond plat et le laisser tiédir. Travailler les jaunes avec le sucre et le sel jusqu'à l'obtention d'un mélange crémeux. Incorporer la farine puis verser le beurre fondu. Verser les blancs en neige et les incorporer délicatement.

Étaler la pâte dans le moule et faire cuire environ 20 minutes au four à mi-hauteur. Sortir du four et laisser refroidir. Laisser le four allumé.

Entre-temps, laver et peler les pommes. Les évider à l'aide d'un vide-pomme et les asperger de jus de citron. Façonner 16 rondelles de pâte d'amandes de la taille d'une pièce de 5 centimes et utiliser la moitié d'entre elles pour boucher le trou à la base des pommes. Fourrer les pommes de compote de myrtilles et fermer le haut avec les rondelles de pâte d'amandes restantes. Disposer les pommes dans un moule à soufflé et les faire cuire au four 20 minutes puis baisser la température du four à 175 °C et poursuivre la cuisson 10 minutes.

Entre-temps, fouetter les œufs, le sucre et le restant de pâte d'amandes pour obtenir une crème lisse. Ajouter la crème fraîche et la poudre pour flan en fouettant. Sortir du four les pommes rôties et les déposer sur le fond de pâte à l'aide d'une spatule. Verser avec précaution la crème à la pâte d'amandes autour des pommes et faire cuire le gâteau encore 1 heure. Le couvrir éventuellement d'une feuille d'aluminium pour éviter qu'il ne brunisse trop vite.

Gâteau à la cerise amarena

Pour 12 morceaux

Pour la pâte

2 œufs
75 g de beurre
90 g de sucre
1 pincée de sel
90 g de farine

Pour la garniture

1 citron non traité
1 pincée de sel
75 g de beurre
125 g de farine
4 œufs
500 g de fromage blanc à 20 % M. G.
250 g de mascarpone
200 g de sucre
1 bocal de cerises amarena (125 g)
250 g de crème fraîche

Beurre et chapelure pour le moule

Temps de préparation : 1 heure
(1 heure 15 minutes de cuisson et
30 minutes de refroidissement en sus)
Par morceau : 496 kcal/2 077 kJ

Préchauffer le four à 225 °C. Graisser et saupoudrer de chapelure un moule à charnière. Séparer les blancs des jaunes d'œufs et monter les blancs en neige. Les mettre au frais jusqu'au moment de les utiliser.

Faire fondre le beurre dans une casserole à fond plat et le laisser tiédir. Travailler les jaunes avec le sucre et le sel jusqu'à l'obtention d'un mélange crémeux. Incorporer la farine puis verser le beurre fondu. Verser les blancs en neige et les incorporer délicatement. Étaler la pâte dans le moule et faire cuire dans un premier temps environ 15 minutes au four à mi-hauteur. Sortir le gâteau du four et le laisser refroidir. Baisser la température du four à 175 °C.

Entre-temps, laver le citron à l'eau chaude, l'essuyer, râper finement le zeste et presser le fruit. Porter à ébullition 250 ml d'eau dans une casserole avec le sel et le beurre. Retirer du feu, verser la farine d'un seul coup et tourner vigoureusement avec une cuillère en bois pour obtenir une pâte lisse. Remettre la casserole sur le feu et continuer de tourner jusqu'à ce qu'une boule lisse se détache du fond. Retirer de nouveau du feu et incorporer 1 œuf. Transférer dans un saladier et mettre au frais. Entre-temps, mélanger le fromage blanc, le mascarpone, 175 g de sucre, le jus de citron et les œufs restants pour obtenir un mélange crémeux. Y ajouter progressivement la pâte à choux refroidie.

Égoutter les cerises amarena et recueillir le sirop. Répartir les cerises égouttées et 1 c.s. de sirop sur le fond de gâteau refroidi. Verser dessus la préparation au fromage blanc et cuire le tout au four environ 1 heure. Sortir du four et laisser refroidir complètement dans le moule.

Mélanger la crème fraîche, 1 à 2 c.c. de zeste de citron et le sucre restant. Avant de servir, dresser la crème sur le gâteau de manière décorative. Asperger de 3 c.s. de sirop de cerises.

Gâteau à la rhubarbe

Pour la garniture, laver la rhubarbe, couper les extrémités, éplucher les tiges et les détailler en tronçons. Mélanger le sirop de framboise et la rhubarbe et laisser macérer 10 minutes. Puis verser la rhubarbe dans une passoire et égoutter.

Préchauffer le four à 200 °C. Graisser une plaque à pâtisserie à hauts bords et la saupoudrer de farine. Pour la pâte, séparer les blancs des jaunes d'œufs et monter les blancs en neige. Les mettre au frais jusqu'au moment de les utiliser. Faire fondre le beurre dans une casserole à fond plat et le laisser tiédir. Travailler les jaunes avec le sucre et le sel jusqu'à l'obtention d'un mélange crémeux. Incorporer la farine puis verser le beurre fondu. Verser les blancs en neige et les incorporer délicatement.

Déposer la pâte en petits tas sur toute la plaque puis l'étaler à la spatule sur toute la surface. Relever un petit bord sur les côtés. Dans un premier temps, faire cuire le gâteau 10 minutes.

Entre-temps, râper grossièrement la pâte d'amandes avec une râpe de cuisine ou la couper en petits morceaux avec un couteau. Ajouter le jaune d'œuf et la crème fraîche et battre le tout avec les fouets du batteur électrique.

Mélanger tous les ingrédients pour le crumble et malaxer pour obtenir une pâte granuleuse. L'émietter en morceaux de taille moyenne.

Tartiner avec précaution la crème à la pâte d'amandes sur le fond de pâte précuit. Puis disposer les tronçons de rhubarbe et finir en éparpillant le crumble. Faire cuire le gâteau environ 25 à 30 minutes. Le saupoudrer de sucre glace avant de servir.

Pour 20 morceaux

Pour la pâte

5 œufs
190 g de beurre
225 g de sucre
1 pincée de sel
225 g de farine

Pour la garniture

1,5 kg de rhubarbe
5 c.s. de sirop de framboise
200 g de pâte d'amandes crue froide
1 jaune d'œuf, 100 g de crème fraiche

Pour le crumble

100 g de beurre, 100 g de farine
100 g de sucre, 1 sachet de sucre vanillé
1 pincée de sel

Beurre et farine pour la plaque
Sucre glace pour saupoudrer

Temps de préparation : 45 minutes
(35 à 40 minutes de cuisson en sus)
Par morceau : 345 kcal/1 447 kJ

Conseil

La mûre est disponible de juillet à septembre. Les mûres sauvages fraîches sont plus petites mais aussi plus aromatiques que les mûres cultivées.

Gâteau au fromage blanc et aux mûres

Préchauffer le four à 175 °C. Graisser et saupoudrer de chapelure un moule à charnière. Prendre 2 œufs et séparer les blancs des jaunes, monter les blancs en neige. Les mettre au frais jusqu'au moment de les utiliser.

Faire fondre 75 g de beurre dans une casserole à fond plat et le laisser tiédir. Travailler les jaunes avec 90 g de sucre et le sel jusqu'à l'obtention d'un mélange crémeux. Incorporer la farine et le cacao en poudre, puis verser le beurre fondu. Verser les blancs en neige et les incorporer délicatement. Verser la pâte dans le moule et faire cuire 10 minutes au four à mi-hauteur. Sortir du four et laisser refroidir dans le moule.

Pour la garniture, passer les mûres sous l'eau froide et les éponger. Mélanger 60 g de beurre, 75 g de sucre et le sucre vanillé pour obtenir un mélange crémeux. Ajouter 2 œufs, la semoule et le fromage blanc en tournant pour obtenir une préparation lisse. Verser les mûres en remuant. Étaler cette masse sur la génoise refroidie.

Pour le crumble, malaxer tous les ingrédients de la pâte à crumble et émietter grossièrement le crumble obtenu sur la crème. Faire cuire le gâteau au four encore 40 à 50 minutes, le sortir du four puis le laisser refroidir avant de servir.

Pour 12 morceaux

Pour la pâte et la garniture

4 œufs
135 g de beurre
165 g de sucre
1 pincée de sel
90 g de farine
25 g de cacao en poudre non sucré
500 g de mûres fraîches
1 sachet de sucre vanillé
1 c.s. de semoule
500 g de fromage blanc à 0 % M. G.

Pour le crumble

100 g de beurre, 100 g de sucre
80 g de farine
20 g de cacao en poudre non sucré

Beurre et chapelure pour le moule

Temps de préparation : 50 minutes
(50 à 60 minutes de cuisson en sus)
Par morceau : 369 kcal/1 548 kJ

Tarte aux abricots et à la noix de coco

Verser les abricots dans une passoire et les égoutter. Préchauffer le four à 225 °C. Graisser et saupoudrer de chapelure un moule à charnière. Séparer les blancs des jaunes d'œufs et monter les blancs en neige. Les mettre au frais jusqu'au moment de les utiliser.

Faire fondre le beurre dans une casserole à fond plat et le laisser tiédir. Hacher grossièrement le chocolat de couverture, faire griller à sec la noix de coco râpée dans une poêle pour qu'elle soit légèrement dorée. Travailler les jaunes avec le sucre et le sel jusqu'à l'obtention d'un mélange crémeux. Incorporer la farine, la noix de coco râpée et le chocolat ainsi que le beurre fondu. Verser les blancs en neige et les incorporer délicatement.

Verser la pâte dans le moule. Disposer les oreillons d'abricot sur la pâte en les enfonçant légèrement et faire cuire le gâteau 10 minutes au four à mi-hauteur. Réduire alors la température du four à 175 °C et compter encore 40 minutes de cuisson.

Démouler le gâteau et le laisser refroidir. Entre-temps, faire fondre le chocolat de couverture. Verser le chocolat fondu en filet sur le gâteau en dessinant des zigzags décoratifs. Parsemer de noix de coco râpée avant de servir.

Pour 12 morceaux

Pour la pâte

1 grande boîte d'abricots en conserve
5 œufs
190 g de beurre
150 g de chocolat de couverture noir
100 g de noix de coco râpée
225 g de sucre
1 pincée de sel
225 g de farine

Beurre et chapelure pour le moule
100 g de chocolat de couverture noir
et noix de coco râpée pour
la décoration

Temps de préparation : 50 minutes
(50 minutes de cuisson en sus)
Par morceau : 451 kcal/1 889 kJ

Gâteau au chocolat et aux myrtilles

Pour 12 morceaux

Pour la pâte
5 œufs
190 g de beurre
100 g de chocolat noir
225 g de sucre
1 pincée de sel
225 g de farine
2 sachets de préparation en poudre pour flan à la vanille
1 c.c. de cacao en poudre non sucré
100 ml de crème liquide
5 c.s. de compote de pommes
700 g de myrtilles

Pour le glaçage
75 g de gelée de myrtilles
1 c.s. de calvados

Beurre et chapelure pour le moule

Temps de préparation : 35 minutes
(50 à 60 minutes de cuisson en sus)
Par morceau : 404 kcal/1 694 kJ

Préchauffer le four à 175 °C. Graisser et saupoudrer de chapelure un moule à charnière. Séparer les blancs des jaunes d'œufs et monter les blancs en neige. Les mettre au frais jusqu'au moment de les utiliser.

Faire fondre le beurre et le chocolat dans une casserole à fond plat et laisser tiédir. Travailler les jaunes avec le sucre et le sel jusqu'à l'obtention d'un mélange crémeux. Incorporer la farine ainsi que le cacao en poudre et la poudre pour flan, puis verser le beurre et le chocolat fondus en tournant. Ajouter également la crème liquide et la compote de pommes et incorporer. Verser dessus les blancs en neige et les incorporer délicatement.

Étaler la pâte dans le moule. Passer les myrtilles sous l'eau froide, les éponger et les trier. Les éparpiller sur la pâte et les enfoncer légèrement avec le dos d'une cuillère. Faire cuire le gâteau 50 à 60 minutes au four à mi-hauteur.

Chauffer la gelée de myrtilles et le calvados dans une petite casserole et en badigeonner le gâteau encore chaud. Le laisser refroidir avant de servir.

Gâteau aux griottes et graines de pavot

Pour 12 morceaux

Pour la pâte
2 œufs
75 g de beurre
90 g de sucre
1 pincée de sel
90 g de farine

Pour la garniture
600 g de griottes fraîches
350 g de crème fraîche
4 œufs
140 g de sucre
8 c.s. de graines de pavot

Beurre et chapelure pour le moule

Temps de préparation : 30 minutes
(40 à 50 minutes de cuisson en sus)
Par morceau : 347 kcal/1 455 kJ

Préchauffer le four à 200 °C. Graisser et saupoudrer de chapelure un moule à charnière. Laver, éponger et dénoyauter les griottes pour la garniture.

Pour la pâte, séparer les blancs des jaunes d'œufs et monter les blancs en neige. Les mettre au frais jusqu'au moment de les utiliser. Faire fondre le beurre dans une casserole à fond plat et le laisser tiédir. Travailler les jaunes avec le sucre et le sel jusqu'à l'obtention d'un mélange crémeux. Incorporer la farine puis verser le beurre fondu. Verser dessus les blancs en neige et les incorporer délicatement.

Verser la pâte dans le moule et faire cuire 10 minutes au four à mi-hauteur. Entre-temps, mélanger la crème fraîche, les œufs, le sucre et les graines de pavot dans un saladier. Répartir les griottes sur le gâteau, verser la crème dessus et poursuivre la cuisson pendant 35 à 40 minutes.

Kouglof au yaourt et aux fruits rouges

Préchauffer le four à 175 °C. Beurrer un moule à kouglof. Séparer les blancs des jaunes d'œufs et monter les blancs en neige. Les mettre au frais jusqu'au moment de les utiliser.

Faire fondre le beurre dans une casserole à fond plat et le laisser tiédir. Travailler les jaunes avec le sucre et le sel jusqu'à l'obtention d'un mélange crémeux. Mélanger la farine et les amandes en poudre, les ajouter à la préparation précédente, verser ensuite le beurre fondu en tournant puis ajouter le yaourt en remuant. Verser dessus les blancs en neige et les incorporer délicatement. Ajouter les fruits rouges surgelés avec précaution.

Étaler la pâte dans le moule. Faire cuire 50 à 60 minutes au four à mi-hauteur. Démouler le gâteau sur une grille à pâtisserie et le laisser refroidir. Le saupoudrer de sucre glace avant de servir.

Pour 12 morceaux

Pour la pâte

5 œufs
190 g de beurre
225 g de sucre
1 pincée de sel
225 g de farine
40 g d'amandes en poudre
200 g de yaourt nature
50 g de myrtilles surgelées
40 g de groseilles surgelées

Beurre pour le moule
Sucre glace pour saupoudrer

Temps de préparation : 25 minutes
(50 à 60 minutes de cuisson en sus)
Par morceau : 320 kcal/1 256 kJ

Tourte à la rhubarbe meringuée

Pour 12 morceaux

Pour la pâte et la garniture

2 œufs
75 g de beurre
90 g de sucre
1 pincée de sel
90 g de farine
300 g de rhubarbe
200 g de framboises fraîches
2 à 3 c.s. de chapelure
2 sachets de sucre vanillé

Pour la meringue

2 blancs d'œufs
3 c.s. de sucre

Beurre et chapelure pour le moule

Temps de préparation : 40 minutes (30 minutes de cuisson en sus)
Par morceau : 137 kcal/575 kJ

Préchauffer le four à 175 °C. Graisser et saupoudrer de chapelure un moule à charnière. Séparer les blancs des jaunes d'œufs et monter les blancs en neige. Les mettre au frais jusqu'au moment de les utiliser.

Faire fondre le beurre dans une casserole à fond plat et le laisser tiédir. Travailler les jaunes avec le sucre et le sel jusqu'à l'obtention d'un mélange crémeux. Incorporer la farine puis verser le beurre fondu. Verser dessus les blancs en neige et les incorporer délicatement.

Pour la garniture, laver, éplucher, parer et couper la rhubarbe en tronçons de 3 cm. Passer les framboises sous l'eau froide, les éponger et les trier.

Verser la moitié de la pâte dans le moule. Saupoudrer de chapelure. Répartir dessus la rhubarbe et les framboises et saupoudrer de sucre vanillé. Recouvrir avec le restant de pâte. Faire cuire le gâteau au four environ 30 minutes.

Entre-temps, pour la meringue, battre les blancs en neige très ferme, verser le sucre en pluie sans cesser de battre jusqu'à l'obtention d'une masse épaisse et crémeuse. Étaler la meringue sur le gâteau 5 minutes avant la fin de la cuisson. Sortir le gâteau du four et le laisser refroidir.

Conseil

La rhubarbe au goût acidulé est très appréciée en garniture de tartes ou en compote mais elle doit toujours être cuite, sinon elle n'est pas comestible.

Biscuit aux quetsches

Pour 12 morceaux

Pour la pâte
2 œufs
75 g de beurre
90 g de sucre
1 pincée de sel
90 g de farine

Pour la garniture
700 g de quetsches

Pour le crumble
100 g de beurre
100 g de sucre
100 g de farine
50 g d'amandes en poudre
1 c.c. de cannelle

Beurre et chapelure pour le moule

Temps de préparation : 45 minutes
(35 à 40 minutes de cuisson en sus)
Par morceau : 302 kcal/1 265 kJ

Préchauffer le four à 225 °C. Graisser et saupoudrer de chapelure un moule à charnière. Séparer les blancs des jaunes d'œufs et monter les blancs en neige. Les mettre au frais jusqu'au moment de les utiliser.

Faire fondre le beurre dans une casserole à fond plat et le laisser tiédir. Travailler les jaunes avec le sucre et le sel jusqu'à l'obtention d'un mélange crémeux. Incorporer la farine puis verser le beurre fondu. Verser dessus les blancs en neige et les incorporer délicatement.

Laver, essuyer, couper en deux et dénoyauter les quetsches. Étaler la pâte dans le moule et disposer dessus les demi-quetsches en les faisant se chevaucher. Pour le crumble, malaxer tous les ingrédients de la pâte à crumble et émietter le crumble obtenu sur les quetsches. Faire cuire le gâteau 35 à 40 minutes au four à mi-hauteur.

Conseil

Les fraises abondent sur les étals des marchés de mai à juillet. Il est préférable de les consommer peu après les avoir achetées.

Tourte aux fraises

Préchauffer le four à 175 °C. Beurrer un moule à charnière. Pour la pâte, séparer les blancs des jaunes d'œufs et monter les blancs en neige. Les mettre au frais jusqu'au moment de les utiliser. Faire fondre le beurre dans une casserole à fond plat et le laisser tiédir. Travailler les jaunes avec le sucre et le sel jusqu'à l'obtention d'un mélange crémeux. Incorporer la farine puis verser le beurre fondu. Verser dessus les blancs en neige et les incorporer délicatement. Verser la pâte dans le moule et faire cuire 30 minutes au four à mi-hauteur. À l'issue de la cuisson, laisser le gâteau refroidir dans le moule.

Entre-temps, pour la crème, fendre la gousse de vanille dans le sens de la longueur et gratter la pulpe. Porter à ébullition la pulpe et la gousse de vanille, la crème liquide, le lait et le sucre dans une casserole à fond plat puis retirer du feu. Retirer la gousse de vanille.

Fouetter en mousse les œufs dans un grand saladier, tamiser la fécule au-dessus et bien mélanger. Verser progressivement, sans cesser de fouetter, la crème aux œufs et au lait. Reverser ce mélange dans la casserole et le porter à ébullition à feu modéré, toujours en tournant, jusqu'à ce qu'il épaississe. Retirer du feu et incorporer le beurre en flocons. Dès que la crème est cuite, la couvrir tout de suite d'un film étirable (pour éviter la formation d'une peau) et la laisser refroidir à température ambiante.

Entre-temps, laver, équeuter et couper les fraises en deux. Les répartir sur la tourte. Délayer la confiture avec 1 c.c. d'eau chaude et en napper les fraises. Étaler la crème sur les fraises. Mettre la tourte au frais pendant environ 2 heures pour faire prendre la crème. Garnir la tourte de fraises coupées en deux avant de servir.

Pour 12 morceaux

Pour la pâte
2 oeufs, 75 g de beurre
90 g de sucre, 1 pincée de sel
90 g de farine

Pour la crème
1 gousse de vanille
250 ml de crème liquide
250 ml de lait entier
110 g de sucre
2 œufs
50 g de fécule
80 g de beurre en flocons

Pour la garniture
500 g de fraises
4 c.s. de confiture de fraises

Beurre pour le moule
Fraises coupées en deux pour la décoration

Temps de préparation : 1 heure (30 minutes de cuisson et 1 heure de réfrigération en sus)
Par morceau : 334 kcal/1 398 kJ

Tourtes généreuses pour toutes les occasions

La crème de la crème

Tourte fraises-chocolat

Pour 12 morceaux

Pour la pâte
5 œufs
190 g de beurre
60 g de chocolat de couverture noir
225 g de sucre
1 pincée de sel
225 g de farine

Pour la meringue
30 g de noisettes hachées
2 blancs d'œufs
150 g de sucre glace

Pour la garniture
250 g de fraises
160 ml de crème liquide
1 c.c. de sucre

Beurre et chapelure pour le moule

Temps de préparation :
1 heure 10 minutes
(50 minutes de cuisson et 2 heures de réfrigération)
Par morceau : 433 kcal/1 814 kJ

Préchauffer le four à 175 °C. Graisser et saupoudrer de chapelure un moule à charnière. Séparer les blancs des jaunes d'œufs et monter les blancs en neige. Les mettre au frais jusqu'au moment de les utiliser. Faire fondre le beurre et le chocolat de couverture dans une casserole à fond plat et laisser tiédir. Travailler les jaunes avec le sucre et le sel jusqu'à l'obtention d'un mélange crémeux. Incorporer la farine puis verser le beurre et le chocolat fondus. Verser dessus les blancs en neige et les incorporer délicatement. Verser la pâte dans le moule et égaliser la surface.

Pour la meringue, faire griller à sec les noisettes dans une poêle et les laisser refroidir sur une assiette. Monter les blancs en neige avec le sucre glace et étaler la meringue sur la pâte. Parsemer de noisettes grillées.

Faire cuire le gâteau 25 minutes au four à mi-hauteur, puis le couvrir d'une feuille d'aluminium et poursuivre la cuisson pendant 25 minutes. Sortir le gâteau du four et bien laisser refroidir.

Entre-temps, pour la garniture, laver, éponger, équeuter et couper les fraises en rondelles. Couper le biscuit refroidi en deux horizontalement et déposer le disque inférieur sur un plat à tarte. Le garnir de fraises. Monter la crème en chantilly avec le sucre et l'étaler sur les fraises. Poser dessus le disque meringué avec précaution et mettre la tourte 2 heures au frais avant de servir.

Tourte au chocolat blanc

Pour 12 morceaux

Pour la pâte
5 œufs
190 g de beurre
225 g de sucre
1 pincée de sel
225 g de farine

Pour la crème
200 g de chocolat blanc
200 g de crème fraîche
3 c.s. de sucre glace
500 ml de crème liquide

Beurre pour le moule
Pétales de rose confites pour la décoration
Cacao en poudre pour saupoudrer

Temps de préparation : 50 minutes (50 minutes de cuisson et 1 heure 30 minutes de réfrigération en sus)
Par morceau : 562 kcal/2 353 kJ

Pour la crème, couper le chocolat en morceaux. Chauffer la crème fraîche avec le sucre glace. Y faire fondre le chocolat en remuant. Laisser refroidir 1 heure.

Préchauffer le four à 175 °C. Beurrer un moule à charnière. Pour la pâte, séparer les blancs des jaunes d'œufs et monter les blancs en neige. Les mettre au frais jusqu'au moment de les utiliser. Faire fondre le beurre dans une casserole à fond plat et le laisser tiédir. Travailler les jaunes avec le sucre et le sel jusqu'à l'obtention d'un mélange crémeux. Incorporer la farine puis verser le beurre fondu. Verser dessus les blancs en neige et les incorporer délicatement.

Verser ensuite la pâte dans le moule et faire cuire 50 minutes au four à mi-hauteur. Démouler le gâteau sur une grille à pâtisserie et le laisser refroidir puis le couper en deux horizontalement.

Monter la crème liquide en chantilly et y ajouter la crème au chocolat par cuillerées. Placer le disque inférieur sur un plat à tarte et étaler dessus la moitié de la crème au chocolat. Poser le disque supérieur et étaler le restant de crème au chocolat sur le dessus et le pourtour du gâteau. Décorer avec les pétales de rose confites. Saupoudrer les bords de cacao en poudre.

Tourte à la noisette et liqueur d'œuf

Préchauffer le four à 175 °C. Graisser et saupoudrer de chapelure un moule à charnière. Moudre finement les noix de macadamia et les noisettes et les mélanger. Séparer les blancs des jaunes d'œufs et monter les blancs en neige. Les mettre au frais jusqu'au moment de les utiliser.

Faire fondre le beurre dans une casserole à fond plat et le laisser tiédir. Travailler les jaunes avec le sucre et le sel jusqu'à l'obtention d'un mélange crémeux. Ajouter la farine puis verser le beurre fondu, le rhum et la crème liquide. Verser les blancs en neige avec le mélange de noix et de noisettes sur la pâte et incorporer délicatement.

Verser la pâte dans le moule et faire cuire 50 minutes au four à mi-hauteur. Démouler le gâteau sur une grille à pâtisserie et le laisser refroidir.

Pour la garniture, monter la crème liquide en chantilly avec le fixateur. Disposer le gâteau sur un plat à tarte et enduire le dessus et le pourtour avec les deux tiers de la chantilly. Transférer le restant de chantilly dans une poche à douille et dresser des rosaces sur le bord.

Verser toute la liqueur d'œuf sur la chantilly et l'étaler sur toute la surface en lissant. Parsemer la tourte de paillettes de chocolat et la mettre 1 heure au frais.

Pour 12 morceaux

Pour la pâte

50 g de noix de macadamia
50 g de noisettes mondées
5 œufs
190 g de beurre
225 g de sucre
1 pincée de sel
225 g de farine
2 cl de rhum
20 ml de crème liquide

Pour la garniture

400 ml de crème liquide
2 sachets de fixateur pour chantilly
200 ml de liqueur d'œuf

Beurre et chapelure pour le moule
Paillettes de chocolat pour la décoration

Temps de préparation : 40 minutes
(50 minutes de cuisson,
30 minutes de réfrigération et 1 heure de refroidissement en sus)
Par morceau : 414 kcal/2 972 kJ

Charlotte aux fruits rouges

Pour 12 morceaux

Pour la pâte
2 œufs
75 g de beurre
90 g de sucre, 1 pincée de sel
90 g de farine

Pour la garniture
Env. 200 g de biscuits cuillers
250 g d'un mélange de fruits rouges
100 ml de crème liquide
5 feuilles de gélatine
250 g de fromage blanc à 10 ou 20 % M. G. (de préférence non battu)
40 g de sucre glace
Zeste râpé d'une demi-orange non traitée
2 c.s. de jus d'orange
Pulpe d'1 gousse de vanille

Beurre et chapelure pour le moule

Temps de préparation : 1 heure (30 minutes de cuisson et 3 heures de réfrigération en sus)
Par morceau : 348 kcal/1 455 kJ

Préchauffer le four à 175 °C. Graisser un petit moule à charnière (20 cm de diamètre) et le saupoudrer de chapelure. Pour la pâte, séparer les blancs des jaunes d'œufs et monter les blancs en neige. Les mettre au frais jusqu'au moment de les utiliser. Faire fondre le beurre dans une casserole à fond plat et le laisser tiédir. Travailler les jaunes avec le sucre et le sel jusqu'à l'obtention d'un mélange crémeux. Incorporer la farine puis verser le beurre fondu. Verser dessus les blancs en neige et les incorporer délicatement.

Verser la pâte dans le moule et faire cuire 30 minutes au four à mi-hauteur. Laisser le gâteau refroidir, le poser sur un plat à tarte et l'entourer d'un cercle à pâtisserie assez grand pour permettre de dresser les biscuits cuillers autour du gâteau. Disposer les biscuits à charlotte.

Pour la garniture, laver, éponger et équeuter au besoin les fruits rouges. Couper éventuellement les gros fruits en deux. Monter la crème liquide en chantilly. Faire tremper la gélatine dans de l'eau froide en suivant les indications qui figurent sur l'emballage. La dissoudre dans une casserole à feu doux et ajouter 2 c.s. de fromage blanc en remuant. Mélanger dans une jatte le fromage blanc restant, le sucre glace, le zeste et le jus d'orange ainsi que la pulpe de vanille. Ajouter la gélatine dissoute à ce mélange. Incorporer la chantilly et une partie des fruits rouges.

Répartir la garniture dans la charlotte, égaliser la surface et parsemer dessus les fruits rouges restants. Mettre la charlotte au moins 3 heures au frais. Enlever le cercle à pâtisserie avec précaution avant de servir.

Conseil

Laver les framboises fraîchement achetées ou cueillies en les plongeant de préférence dans une bassine d'eau afin de les conserver intactes pour la décoration.

Tourte aux framboises et au chocolat

Préchauffer le four à 175 °C. Graisser et saupoudrer de chapelure un moule à charnière. Séparer les blancs des jaunes d'œufs et monter les blancs en neige. Les mettre au frais jusqu'au moment de les utiliser.

Faire fondre le beurre et le chocolat de couverture dans une casserole à fond plat et laisser tiédir. Travailler les jaunes avec le sucre et le sel jusqu'à l'obtention d'un mélange crémeux. Incorporer la farine puis verser le beurre et le chocolat fondus. Verser dessus les blancs en neige et les incorporer délicatement.

Verser la pâte dans le moule et faire cuire 50 minutes au four à mi-hauteur. Démouler le gâteau sur une grille à pâtisserie et le laisser refroidir.

Entre-temps, pour la garniture, faire tremper la gélatine dans de l'eau froide. Plonger les framboises dans de l'eau froide, les éponger et les trier. Mixer 400 g de framboises pour obtenir une purée, passer celle-ci à travers une passoire et mélanger la pulpe avec le sucre glace. Essorer la gélatine, la dissoudre dans un peu d'eau chaude et l'ajouter à la pulpe de framboises. Mettre au frais jusqu'à ce que la masse commence à prendre. Monter en chantilly 250 ml de crème liquide et l'ajouter à la pulpe de framboises gélifiée.

Couper le biscuit en deux horizontalement. Disposer le disque inférieur sur un plat à tarte et l'entourer d'un cercle à pâtisserie. Répartir dessus la crème à la framboise. Poser le deuxième disque en appuyant légèrement. Mettre 1 heure au frais.

Saupoudrer le dessus de la tourte de sucre glace avant de servir. Monter le restant de crème liquide en chantilly et dresser des rosettes de chantilly. Les surmonter d'une framboise et décorer avec des feuilles de mélisse.

Pour 12 morceaux

Pour la pâte

5 œufs
190 g de beurre
100 g de chocolat de couverture noir
225 g de sucre
1 pincée de sel
225 g de farine

Pour la garniture

6 feuilles de gélatine rouge
550 g de framboises
100 g de sucre glace
400 ml de crème liquide

Beurre et chapelure pour le moule
Sucre glace pour saupoudrer
Feuilles de mélisse pour la décoration

Temps de préparation : 1 heure
(50 minutes de cuisson et 1 heure de réfrigération en sus)
Par morceau : 476 kcal/1 994 kJ

Couronne de Francfort

Préchauffer le four à 175 °C. Graisser et saupoudrer de chapelure un moule à savarin. Pour la pâte, séparer les blancs des jaunes d'œufs et monter les blancs en neige. Les mettre au frais jusqu'au moment de les utiliser.

Faire fondre le beurre dans une casserole à fond plat et le laisser tiédir. Travailler les jaunes avec le sucre et le sel jusqu'à l'obtention d'un mélange crémeux. Incorporer la farine puis verser le beurre fondu. Verser dessus les blancs en neige et les incorporer délicatement.

Verser la pâte dans le moule, faire cuire 50 minutes au four à mi-hauteur. Démouler le gâteau sur une grille à pâtisserie et le laisser refroidir.

Pour la garniture, verser 500 ml de lait avec le miel d'acacia et le sucre vanillé dans une casserole et porter à ébullition en tournant. Laisser frémir 2 minutes. Délayer la fécule avec le restant de lait et verser dans le lait au miel pour effectuer la liaison. Retirer la casserole du feu, incorporer le jaune d'œuf et laisser refroidir la crème, tout en remuant régulièrement pour éviter la formation d'une peau. Mettre le beurre dans un saladier et le fouetter en mousse puis incorporer la crème par cuillerées en tournant.

Couper le gâteau en trois horizontalement. Enduire les deux couronnes inférieures de confiture d'airelles puis étaler dessus une fine couche de crème. Poser la couronne supérieure puis tartiner le restant de crème sur le dessus et le pourtour. En réserver cependant un peu pour la décoration. Parsemer la couronne de nougatine de noisettes. Transférer le restant de crème dans une poche à douille et dresser des rosettes tout autour. Surmonter de cerises confites. Entreposer la couronne environ 2 heures au frais.

Pour 12 morceaux

Pour la pâte

5 œufs
190 g de beurre
225 g de sucre
1 pincée de sel
225 g de farine

Pour la garniture

750 ml de lait
100 g de miel d'acacia
2 sachets de sucre vanillé
75 g de fécule
2 œufs
300 g de beurre
200 g de confiture d'airelles
75 g de nougatine de noisettes

Beurre et chapelure pour le moule
Cerises confites pour la décoration

Temps de préparation :
1 heure 10 minutes
(50 minutes de cuisson et 2 heures de réfrigération en sus)
Par morceau : 628 kcal/2632 kJ

Tourte aux pêches

Pour la garniture, hacher le chocolat de couverture et le faire fondre à feu doux dans une casserole avec la crème liquide et le beurre en tournant pour obtenir une crème lisse. Entreposer une nuit au réfrigérateur.

Le lendemain, préchauffer le four à 175 °C. Graisser un petit moule à charnière (20 cm de diamètre) et le saupoudrer de chapelure. Pour la pâte, séparer les blancs des jaunes d'œufs et monter les blancs en neige. Les mettre au frais jusqu'au moment de les utiliser. Faire fondre le beurre dans une casserole à fond plat et le laisser tiédir. Travailler les jaunes avec le sucre et le sel jusqu'à l'obtention d'un mélange crémeux. Incorporer la farine et les amandes hachées, puis verser le beurre fondu. Verser dessus les blancs en neige et les incorporer délicatement.

Verser la pâte dans le moule et faire cuire 1 heure au four à mi-hauteur. Démouler le gâteau sur une grille à pâtisserie et le laisser refroidir.

Entre-temps, pour la garniture, presser les citrons. Peler et couper les pêches en quartiers et les dénoyauter. Porter à ébullition les jus de pêche et de citron dans un faitout. Y verser les pêches, amener à ébullition et les laisser refroidir dans leur jus. Ensuite, bien égoutter les pêches. Fouetter la ganache préparée la veille 5 minutes jusqu'à ce qu'elle soit tartinable. Détailler 4 quartiers de pêches en petits dés et les incorporer à la ganache. Détailler les quartiers restants en lamelles.

Couper le gâteau en trois horizontalement. Disposer le disque inférieur sur un plat à tarte et l'entourer d'un cercle à pâtisserie. L'enduire d'un petit tiers de crème. Poser le deuxième disque et le garnir également de crème. Disposer le disque supérieur et étaler le restant de crème sur le dessus et les côtés du gâteau. Répartir les lamelles de pêches en éventail. Mettre la tourte environ 3 heures au frais.

Pour 12 morceaux

Pour la pâte

5 œufs
190 g de beurre
225 g de sucre
1 pincée de sel
225 g de farine
100 g d'amandes hachées

Pour la garniture

500 g de chocolat de couverture blanc
250 g de crème liquide
200 g de beurre
2 citrons
1 kg de pêches fraîches
500 ml de jus de pêche

Beurre et chapelure pour le moule

Temps de préparation :
1 heure 30 minutes
(1 heure de cuisson et 11 heures de réfrigération en sus)
Par morceau : 803 kcal/3 363 kJ

Tourte à la crème à la rhubarbe

Pour 12 morceaux

Pour la pâte
2 œufs
75 g de beurre
90 g de sucre
1 pincée de sel
90 g de farine

Pour la garniture
1 kg de rhubarbe
12 feuilles de gélatine rouge
3 feuilles de gélatine blanche
120 g de sucre
1 sachet de sucre vanillé
500 ml de crème liquide
2 c.s. de gelée de groseilles

Beurre et chapelure pour le moule

Temps de préparation : 50 minutes (30 minutes de cuisson et 3 heures de réfrigération en sus)
Par morceau : 294 kcal/1 234 kJ

Préchauffer le four à 175 °C. Graisser et saupoudrer de chapelure un moule à charnière. Séparer les blancs des jaunes d'œufs et monter les blancs en neige. Les mettre au frais jusqu'au moment de les utiliser. Faire fondre le beurre dans une casserole à fond plat et le laisser tiédir. Travailler les jaunes avec le sucre et le sel jusqu'à l'obtention d'un mélange crémeux. Incorporer la farine puis verser le beurre fondu. Verser dessus les blancs en neige et les incorporer délicatement.

Verser la pâte dans le moule et faire cuire 30 minutes au four à mi-hauteur. Laisser ensuite refroidir sur une grille à pâtisserie.

Entre-temps, pour la garniture, laver, éplucher, parer et couper la rhubarbe en petits morceaux. La faire cuire 5 à 10 minutes avec 75 ml d'eau. Faire tremper les gélatines rouge et blanche dans de l'eau froide. Réserver quelques morceaux de rhubarbe et remuer le reste jusqu'à réduction en compote. Ajouter à la rhubarbe chaude les gélatines essorées, le sucre et le sucre vanillé en tournant. Ajouter au besoin un peu de sucre. Incorporer les morceaux de rhubarbe mis de côté. Mettre la compote au frais environ 1 heure jusqu'à ce qu'elle commence à prendre. Monter la crème liquide en chantilly et l'incorporer à la préparation précédente.

Dresser le gâteau sur un plat à tarte. L'enduire entièrement de crème à la rhubarbe. Mettre la tourte au frais pendant au moins 2 heures. Chauffer légèrement la gelée de groseilles dans une petite casserole, décorer la tourte avec des traits de gelée de groseilles et laisser sécher un instant avant de servir.

Tourte au chocolat

Pour 12 morceaux

Pour la pâte
5 œufs
190 g de beurre
100 g de chocolat de couverture noir
225 g de sucre
1 pincée de sel
225 g de farine
30 ml de jus d'oranges

Pour la garniture
150 g de chocolat noir
200 ml de crème liquide
1 sachet de fixateur pour chantilly
4 œufs
1 pincée de sel
2 sachets de sucre vanillé

Beurre et chapelure pour le moule
Cacao en poudre pour saupoudrer

Temps de préparation :
1 heure 20 minutes
(1 heure de cuisson et 2 heures de réfrigération en sus en sus)
Par morceau : 448 kcal/1 876 kJ

Préchauffer le four à 175 °C. Graisser un petit moule à charnière (20 cm de diamètre) et le saupoudrer de chapelure. Séparer les blancs des jaunes d'œufs et monter les blancs en neige. Les mettre au frais jusqu'au moment de les utiliser. Faire fondre le beurre et le chocolat de couverture dans une casserole à fond plat et laisser tiédir. Travailler les jaunes avec le sucre et le sel jusqu'à l'obtention d'un mélange crémeux. Ajouter la farine puis verser le beurre et le chocolat fondus ainsi que le jus d'oranges. Incorporer délicatement les blancs en neige.

Verser la pâte dans le moule et faire cuire 1 heure au four à mi-hauteur. Démouler le gâteau sur une grille à pâtisserie et le laisser refroidir.

Entre-temps, pour la garniture, faire fondre le chocolat au bain-marie et laisser refroidir. Monter la crème liquide en chantilly avec le fixateur. Séparer les blancs des jaunes d'œufs, mettre les jaunes dans un saladier et monter les blancs en neige ferme avec une pincée de sel dans un autre saladier. Ajouter le sucre vanillé aux jaunes et les fouetter au bain-marie jusqu'à ce qu'ils soient jaune pâle. Les refroidir dans un bain-marie glacé en tournant. Incorporer alors d'abord le chocolat refroidi, puis la chantilly et enfin les blancs en neige.

Couper le gâteau en trois horizontalement. Déposer le disque inférieur sur un plat à tarte et étaler dessus un tiers de la crème. Disposer le deuxième disque et le garnir également avec un tiers de crème. Poser le troisième disque et tartiner le restant de crème dessus et sur les côtés. Saupoudrer le tout de cacao en poudre. Mettre la tourte au moins 2 heures au frais.

Gâteau au pavot et aux abricots

Préchauffer le four à 175 °C. Graisser et saupoudrer de chapelure un moule à charnière. Séparer les blancs des jaunes d'œufs et monter les blancs en neige. Les mettre au frais jusqu'au moment de les utiliser.

Faire fondre le beurre dans une casserole à fond plat et le laisser tiédir. Travailler les jaunes avec le sucre et le sel jusqu'à l'obtention d'un mélange crémeux. Mélanger la farine et le pavot puis verser le beurre fondu et le rhum. Incorporer délicatement les blancs en neige.

Verser la pâte dans le moule et faire cuire 50 minutes au four à mi-hauteur. Démouler le gâteau sur une grille à pâtisserie et le laisser refroidir.

Égoutter les abricots dans une passoire tout en recueillant 250 ml de jus. Disposer la génoise sur un plat à tarte et l'entourer d'un cercle à pâtisserie. Préparer un nappage avec le jus d'abricots et la préparation en poudre pour nappage en suivant les indications qui figurent sur l'emballage et en napper la génoise. Déposer les deux tiers des oreillons d'abricots sur le nappage, côté bombé vers le haut et faire prendre.

Monter la crème liquide en chantilly ferme avec le sucre vanillé et le fixateur en ajoutant le pavot en pluie. Répartir la chantilly au pavot sur les abricots. Détailler les oreillons restants en lamelles et dresser celles-ci sur le gâteau.

Pour 12 morceaux

Pour la pâte

2 œufs
75 g de beurre
90 g de sucre
1 pincée de sel
90 g de farine
70 g de pavot moulu
2 cl de rhum

Pour la garniture

2 petites boîtes d'abricots (de 470 g chacune)
1 sachet de nappage transparent pour tarte
400 ml de crème liquide
1 sachet de sucre vanillé
2 sachets de fixateur pour chantilly
3 c.s. de pavot moulu

Beurre et chapelure pour le moule

Temps de préparation : 50 minutes (50 minutes de cuisson et 30 minutes de refroidissement en sus)
Par morceau : 524 kcal/2 195 kJ

Tourte façon tiramisu

Pour 12 morceaux

Pour la pâte

2 œufs
75 g de beurre
50 g de chocolat de couverture noir
90 g de sucre, 1 pincée de sel
90 g de farine

Pour la crème

250 g de chocolat de couverture blanc
600 g de mascarpone
50 ml de marsala
30 g de sucre

Pour imbiber

40 ml de liqueur de café
540 ml d'expresso

Beurre et chapelure pour le moule
2 c.s. de cacao en poudre pour saupoudrer

Temps de préparation : 1 heure (30 minutes de cuisson et 2 heures de réfrigération en sus)
Par morceau : 418 kcal/1 749 kJ

Préchauffer le four à 175 °C. Graisser et saupoudrer de chapelure un moule à charnière. Séparer les blancs des jaunes d'œufs et monter les blancs en neige. Les mettre au frais jusqu'au moment de les utiliser.

Faire fondre le beurre et le chocolat de couverture dans une casserole à fond plat et laisser tiédir. Travailler les jaunes avec le sucre et le sel jusqu'à l'obtention d'un mélange crémeux. Incorporer la farine puis verser le beurre et le chocolat fondus. Verser dessus les blancs en neige et les incorporer délicatement.

Verser la pâte dans le moule et faire cuire 30 minutes au four à mi-hauteur. Laisser le gâteau refroidir.

Entre-temps, pour la crème, faire fondre le chocolat de couverture au bain-marie et laisser refroidir. Puis le mélanger avec le mascarpone, le marsala et le sucre pour obtenir une crème lisse.

Poser le gâteau refroidi sur un plat à tarte. Mélanger la liqueur de café et l'expresso froid et en imbiber le biscuit. Enduire le biscuit de crème. L'entreposer environ 2 heures au frais. Saupoudrer de cacao en poudre avant de servir.

Conseil

Pour la crème de cette tourte tiramisu, vous pouvez remplacer le marsala par de l'amaretto qui lui conférera un arôme d'amande délicat.

Index des recettes

Températures du four

Les températures du four indiquées dans ce recueil de recettes se réfèrent à une cuisinière électrique avec chaleur de voûte et de sole. Si vous utilisez la chaleur tournante, réduisez la température de 20 °C. Le tableau suivant montre l'équivalence des températures pour les cuisinières à chaleur tournante et les gazinières :

Chaleur de voute et de sole	Chaleur tournante	Gazinière avec thermostat à 6 graduations	Gazinière avec thermostat à 9 graduations
100 °C	80 à 90 °C	Graduation ½	Graduation ½
160 °C	140 °C	Graduation 1	Graduation 2
180 °C	160 °C	Graduation 2	Graduation 4
200 °C	180 °C	Graduation 3	Graduation 6
225 °C	200 °C	Graduation 4	Graduation 7

Indications de quantité

Mesures de quantité à la cuillère*

1 c.s. de farine, levure, fécule = 10 g
1 c.s. de noisettes hachées = 10 g
1 c.s. de noisettes en poudre = 5 g
1 c.s. de beurre = 10 g
1 c.s. de crème liquide = 10 ml
1 c.s. de cacao en poudre = 5 g
1 c.s. de sucre = 15 g
1 c.s. de sucre glace = 10 g
1 c.s. de confiture = 15 g
1 c.s. de miel = 15 g

*pour 1 cuillerée à soupe légèrement bombée

Abréviations

c.c. = cuillerées à café
c.s. = cuillerées à soupe
cl = centilitres
cm = centimètres
env. = environ
g = grammes
M. G. = matière grasse
kcal = kilocalories
kg = kilogrammes
kJ = kilojoules
l = litres
ml = millilitres